기본으로 돌아가자

제네시스

| 이성희 지음 |

Q 쿰란출판사

제네시스

 **들어가는 말**

이제나 저제나 우리 곁을 떠나주기를 기대하던 '코로나19'가 수차례 변이하여 떠날 줄을 모르고 3년차를 맞이하게 되었다. 그동안 코로나19로 말미암아 지구적 현상은 코로나 이전과는 판이한 전혀 다른 질서를 만들어냈다. 코로나19가 앞으로 10년은 지구에 존속할 것이라는 조심스런 예측이 있는가 하면 이런 전망에 대처하듯 각국에서는 코로나와 함께 살아가는 새로운 패러다임을 속속 발표하고 있다. 이런 가운데 우리나라도 '위드 코로나'를 선포하였다가 다시 '오미크론'으로 주춤하기도 하였다. 필자가 소속된 교단인 대한예수교장로회(통합)에서는 '비욘드 코로나'라는 주제를 내걸고 코로나 이후 시대를 준비하고 있다.

얼마 전 목사님들의 모임에서 어느 사모님이 이런 말씀을 하셨다. 몇몇 사모님들이 모여 식사를 하게 되어 함께 기도를 하였다. 기도가 끝나자 어떤 부인이 "코로나 전염시켜놓고 부끄러운 줄 알아야지, 어디서 큰 소리로 기도해"라고 하더란다. 이것이 우리의 생활에서 보여주는 기독교의 얼굴이다. 언론이 사회를 오도하고 기독교를 조직적으로 폄훼한 결과가 엿보이는 장면이다. 억울한 면이 없지 않지만 사회의 소리를 외면할 수도 없는 딱한 처지에 한국 교회가 놓여 있다.

세상은 교회를 '변하는 세상에서 변하지 않는 수구꼴통'이라고 평가한다. 최근 온갖 뉴스거리의 중심에 교회가 있다. '정인이 사건'이 그랬고, 언론의 '가십' 주 메뉴가 교회이고, 사람들이 모인 곳의 뒷담화가 그리스도인일 때가 많다. 코로나19의 전염원이 교회라고들 한다. 특히 오미크론 변종을 한국에 심은 곳이 교회라고 한다. 그리고 교회는 이 사회에서 가장 이기적인 기관이라고 폄훼한다. 교회는 자기네만 배불리는 사회의 공공의 적이라고 한다. 변명할 말이 많이 있지만 변명할 기회조차 주지 않는 것이 현실 사회이다.

얼마 전 '한국리서치'에서 발표한 '2021년 종교인식조사'에서 이런 현상은 여실히 드러난다. 사회적 인식에서 개신교는 여전히 비호감이다. 호감인 종교의 순위는 천주교, 불교, 개신교, 원불교, 이슬람교 등이다. 개신교인이 개신교에 대한 호감을 71.2점을 준 반면, 천주교인이 평가한 개신교의 호감은 24.2점에 그쳤다. 천주교인이 불교에 대한 호감도를 50.8점을 준 것에 비하면 천주교마저 개신교에 대한 호감이 바닥을 헤매고 있는 비극적 현실이다. 개신교의 입장에서는 변명하고픈 때도 있지만 그럼에도 불구하고 현실을 받아들여야 한다. 만약 개신교가 이런 사실을 인정하지 않으면 비호감을 벗어날 수 없을 것이다.

 구약의 신약이라 불리는 요나서에는 하나님의 사랑과 구원의 보편성이 주제를 이루고 있다. 요나가 니느웨로 간 것이 악한 세상으로 성육신하신 그리스도의 모형이며, 희생적 헌신으로 니느웨 사람을 구원한 것이 구원자 그리스도의 모형이며, 큰 고기 뱃속에서의 사흘이 무덤에서 사흘을 계신 그리스도의 모형이라고 한다.

 "너는 일어나 저 큰 성읍 니느웨로 가서 그것을 향하여 외치라"는 하나님의 신탁(神託)을 받은 요나는 하나님의 얼굴을 피하여 니느웨가 아닌 다시스로 가는 배를 탔다. 다시스로 가는 배는 큰 풍랑을 만나 배가 파선할 지경에 이르게 되고 사공들은 고통을 당하며 자기들의 신을 부른다. 그러나 요나는 배 밑층에서 깊이 잠들어 있었다. 선장은 잠든 요나를 깨우며 "일어나서 네 하나님께 구하라"고 하였다.

 요나의 때처럼 우리 시대는 '카오스' 시대이다. 교회의 상징인 배가 파선할 만큼 세상의 상징인 바다는 교회를 흔들어대고 바람 잘 날이 없다. 그래서 많은 사람들은 교회가 이렇게 어려운 때가 없었다고 한다. 그러나 이 땅에 교회가 세워진 이후에 어렵지 않은 때는 없었다. 끊임없이 세상은 풍랑을 일으키고 교회는 흔들리고 있는 것이다.

하나님의 사람인 요나가 하나님의 뜻을 거역하고 도망하므로 바다가 요동하고, 하나님의 사람이 아닌 사공들이 고통을 당한다. 이 세상에서 하나님의 사람이, 교회가 하나님께 잘못하면 하나님의 사람이 아닌 세상 사람들이 고통을 당하는 법이다. 자크 엘륄은 "비그리스도인들과 그리스도인들의 운명은 이어져 있다"고 하였다. 세상이 요동하고 어지러운 것은 세상 사람들이 아니라 하나님의 사람들의 잘못이라는 점을 잊지 말아야 한다.

선장은 깊이 잠들어 있던 요나를 깨웠다. "자는 자여 어찌함이냐 일어나서 네 하나님께 구하라. 혹시 하나님이 우리를 생각하사 망하지 아니하게 하시리라"라고 선장은 요나에게 말하였다. 선장은 자기들의 신이 풍랑을 잔잔하게 하지 못함을 알고 있다. 선장은 이전에도 수없이 풍랑을 만나고 자기의 신을 불렀지만 그 신이 잔잔하게 하지 못하였음을 알고 있는 것이다. 그리고 요나에게 "일어나라"고 한다.

하나님의 사람이 아닌 선장이 요나에게 "일어나라"고 한 것은 요나에게는 굴욕적인 말이었다. 왜냐하면 선장이 요나에게 "일어나라"고 한 말은 하나님께서 요나에게 "일어나라"고 하신 말씀과 같은 단어 '쿰렉'이기 때문이다. 하나님의 사람이 하나님의 말씀을 듣지 않을 때 세상 사람이 하나님의 말씀으로 하나님의 사람을 깨우치고, 세상을 통하여 하나님의 말씀을 듣게 한다.

지금 우리의 형편, 한국 교회의 현상이 이와 흡사한 면이 있다. 세상은 자신들의 신을 부른다. '기계에서 나온 신'(Deus ex machina)인 로봇, 인공 지능(AI), 드론을 부르고 있지만 하나님의 사람들은 우리의 신인 하나님을 부르지 않고 깊이 잠들어 있다. 잠들어 있는 그리스도인, 교회에게 세상은 '쿰렉'이라고 소리친다. 요나는 이방인이 소리치는 하나님의 소리에 깨어나고 바다 깊은 곳 큰 물고기의 뱃속에서 사흘을 지낸 다음 니느웨에 구원의 소리를 외치게 되었다. 이 말씀은 하나님의 사람을 회복하시고 카오스의 세상을 코스모스의 세상으로 변화시키시는 하나님의 반전 스토리이다.

한국 교회의 현주소는 요나의 시대이다. 그리스도인과 교회로 말미암아 세상이 풍랑을 만나기도 한다. 깊이 잠들어 있는 교회에게 세상은 하나님의 소리로 "일어나라"고 깨운다. 한국 교회는 이런 때에 하나님의 반전 스토리가 절실하게 요구된다. 우선 한국 교회는 풍랑이 이는 바다에 던져져야 하며, 큰 고기 뱃속의 사흘이 필요하다. 그리고 요나에게 주셨던 제2의 기회가 한국 교회에도 절실한 때이다.

이런 혼돈의 시대에 한국 교회에 필요한 것은 '기본'이다. 한국 교회는 신앙의 기본이 필요하며, 인격의 기본이 필요하며, 삶의 기본이 필요하다. 현재 한국 교회를 향한 따가운 시선을 따뜻한 시선으로 전환할 수 있는 것은 이런 기본으로 돌아갈 때에 가능하다. 한국 교회가 기본으로 돌아간다는 말은 그리스도인이 신앙생활의 첫 걸음을 다시 내딛는 것이다. 하나님께서 요나에게 제2의 기회를 주시듯 한국 교회에도 또 다른 반전의 기회를 주실 것이다.

그리스도인의 눈으로 보아도 교회는 비판 받을 만한 일들이 많이 있다. 그럼에도 불구하고 교회는 세상의 희망이다. 교회가 비판 받을 일들이 많다는 것은 세상도 '카오스' 속에서 헤매고 있다는 것이다. 영성가 카를로 카레토는 "오 나의 교회여 나는 그대를 비판할 말이 너무 많다오. 그러나 나는 그대를 사랑한다오"라고 말했다. 어쩌면 우리가 해야 할 말을 그가 대변한 것이다. 우리가 교회를 염려하고, 교회를 비판하는 것은 사랑하기 때문이다.

　기독교 역사를 반추해보면 기독교에 대한 박해 시기에 교회가 성장하였다. 교회가 어려움을 당할 때에 기독교인들은 기도하며 단합하였다. 기독교는 '온실 종교'가 아니라 '광야 종교'이다. 기독교는 거친 바람 속에서 씨를 뿌리고, 폭풍우 속에서 가지가 자라고, 차가운 서리 가운데서 열매를 맺어왔다. 한국 기독교도 예외가 아니다. 한국 교회 성장의 외적 요인 가운데는 일제 강점기와 한국 전쟁이라는 고난이 있었다. 이 시기에 교회는 많은 순교자를 냈고, 감당할 수 없는 박해를 받았다. 이 때 교회는 더 강해지고 견실한 열매가 많았다.

　한국 교회는 지난 30여 년간 최고의 성장 시대를 구가하였다. 자연히 교회는 부요한 기관이 되었고, 성직자는 선호하는 직업이 되었다. 마치 수도원이 종교 개혁 직전 가장 부요한 집단이었던 것처럼 교회가 중세 교회의 아이러니를 답습하게 되었다. 이런 역설의 역설을 외친 것이 종교 개혁이었고, 종교 개혁은 성경으로 돌아가는 운동이었다.

　'코로나19'는 우리 사회에 엄청난 변화를 가져왔다. 코로나 이전과

이후는 전혀 다른 세상이 될 것이 확실하다. 이런 변화는 '코로나19'가 '팬데믹'이 되므로 지구적 사건이 되었다. 교회도 이런 가운데 예배의 붕괴, 신앙생활의 침체, 교회 성장의 둔화 등으로 현실적 변화를 체감하고 있다. 이럴 때일수록 교회는 시대적 상황의 변화에 민감하게 대처해야 한다. 교회가 재빠르게 스스로 체질을 개선하지 않으면 교회는 낙후될 수밖에 없는 것이다. 자정(自淨) 능력을 키워야 하며, 신앙 기본으로 돌아가야 하며, 성경으로 돌아가야 한다.

종교 개혁자들은 교회의 개혁을 외치며 다섯 가지 원리를 강령으로 세웠다. '오직 은혜', '오직 믿음', '오직 그리스도', '오직 성경', '오직 하나님의 영광'이 그것이다. 이 다섯 가지 강령은 수없이 말하고 들어왔지만 한국 교회가 코로나 위기가 교회의 위기로 다가온 현실에서 다시 한번 크게 외칠 때가 되었다고 생각한다. 위기란 말에 거부감을 가질 수 있지만 교회마다 예배의 붕괴를 경험하는 상황에서 위기라는 용어가 단순한 겁박은 아닐 것이다. 교회에 임한 코로나 위기는 외적인 압력 때문이 아니라 내적인 포기 때문이다. 갈멜산 로뎀나무 아래에서 자포자기 가운데 죽기를 자청했던 엘리야처럼 '엘리야 증후군'을 한국 교회는 극복해야 한다. 이런 '신드롬'을 극복할 수 있는 길은 교회가 말씀으로 개혁되고 깨어나는 것이다. 개혁은 새로운 것을 찾는 것이 아니라 기본으로 돌아가는 것이다.

필자는 2022년 새해 인천 동춘교회(윤석호 목사 시무)에서 새해맞이 부흥회를 인도하였다. 다섯 번의 설교를 제안 받고 기도하며 말씀을 준비하는 가운데 편히 할 수 있는 '십팔번' 부흥 설교가 아니라 가장 기본적인 말씀을 전하라는 영감을 얻었다. 예배가 붕괴되고 그리스도인의 삶이 흔들릴 때 가장 필요한 것은 신앙의 기본이기 때문이다. 그리하여 다시 종교 개혁의 다섯 가지 원리를 공부하며, 말씀을 준비하였다. 신학적으로 공부하던 다섯 가지 원리를 설교로 재생하느라 힘이 들었지만 내게도 유익한 시간이었다. 다섯 번 설교의 주제를 '기본으로 돌아가자'(Back to the Basic)라고 이름하였고 신앙생활의 기본을 외치려고 애썼다. 그리고 그리스도인의 신앙생활은 생활 신앙이라고 강조하여 가르쳤다.

'창세기'는 구약 성경의 첫 번째 책이며, 모든 것의 기원을 설명한다. 우주의 기원에서 시작하여 인류의 기원, 동물과 식물의 기원 그리고 죄의 기원을 설명하는 책이 창세기이다. 창세기가 말하는 기원을 알아야 그리스도를 이해하게 되고, 구원과 하나님의 나라를 알 수 있게 된다. 그런 의미에서 창세기는 구약과 신약 66권의 서론이다. 창세기를 알지 못하면 성경 전체를 이해할 수 없다. 또한 창세기 1장 1절을 믿지 못하면 말씀 전체를 믿을 수 없다. 창세기가 성경의 서론이라면 요한계시록은 성경 전체의 결론이다.

창세기의 히브리어 제목은 '브레쉬트'이다. 이 제목은 창세기의 첫 단어이며, '태초에'(In the beginning)라는 의미이다. 히브리인들이 성경의 책 첫 글자를 제목으로 하는 전승에서 그렇게 불렀던 것이다. 가장 오래된 헬라어역 구약 성경은 '70인역'(LXX)으로 알렉산드리아의 유대인 디아스포라 72명의 학자가 번역 사업에 참여했다고 하여 붙여진 이름이다. 이 헬라어 구약 성경은 창세기에 '제네시스'라는 제목을 붙였다. '제네시스'는 시작, 기원, 발생 등의 뜻을 가진 단어이다.

그 후 17세기에 번역된 영어 성경 '킹 제임스역'에서 창세기는 '제네시스라고 불리는 모세의 첫 번째 책'(The First Book of Moses Called Genesis)이라고 불렀고, 영어 성경에서 창세기는 '제네시스'라는 제목으로 불리게 되었다. 영어 단어에서 '제네시스'(genesis)는 기원(origin), 발생(occurrence)의 의미를 가지고 있다. '제네시스'와 같은 어원을 가진 동사 '제네레이트'(generate) 또한 '발생시키다', '만들어내다'라는 뜻을 가지고 있다. 모든 것의 기원과 발생의 원인 등을 밝히는 것이 '제네시스'이며, 창세기인 것이다. 그런 의미에서 우리 신앙의 기원을 되찾고 발생의 의미를 되새기며 다시 차근차근히 시작하자는 의미에서 본서의 제목을 '제네시스'라고 하였고, '기본으로 돌아가자'라는 부제로 본서의 성격을 규정하였다.

본서는 종교 개혁자들의 다섯 가지 강령을 가르침의 형식으로 풀어 쓴 것이다. 설교의 형식에 다섯 가지 강령의 신학적, 역사적 배경을 기록한 것이며 신학 강의가 아닌 것을 미리 밝혀둔다. 그러나 신학적, 역사적 해석 가운데 설교의 내용도 충분히 담아내려고 의도하였다. 필자가 평소에 늘 생각하고 가르친 대로 모든 목회자는 신학자이며, 신학이 없이는 설교 한 편도 구성할 수 없다는 것을 다섯 편의 해설에 포함하였다. 그리하여 설교는 아니지만 설교의 내용을 충분히 담았으며, 신학 강의는 아니지만 신학적 해석을 깊이 다루었다. 이런 전체적인 내용은 내가 목양의 현장에서 은퇴하였기 때문에 더 간절하게 가슴으로 말할 수 있었다.

그리스도인의 삶의 기본을 다시 처음으로 돌아가 정리할 수 있는 기회를 주신 윤석호 목사님과 동춘교회 성도들에게 감사를 드리며, 출판을 위하여 수고를 아끼지 않으신 쿰란출판사 이형규 장로님과 훌륭한 책을 만들어주신 여러 분들에게 감사를 드린다. 이 말씀을 준비하는 동안 딸네, 아들네 온 가족 열 식구가 모처럼 함께 한가히 가족 캠핑장에서 마음의 쉼을 얻을 수 있었음에 아내와, 딸과 아들 같은 사위, 아들과 딸 같은 며느리 그리고 노아, 이삭, 희건, 윤건 네 손자들 모두에게 고마움을 전한다. 나의 평생 믿음의 자리인 한국 교회와 반평생 목양의 터전인 연동교회에 늘 감사를 드리며, 부족한 이 책이 한국 교회가 기본으로 돌아가는 데 작은 동력이라도 제공할 수 있다면 더할 나위 없는 영광이다.

'솔리 데오 글로리아(Soli Deo Gloria).'

2022년 6월
광화문 나 홀로 수도원에서
이 성 희

차례

들어가는 말 _ 4

01_ 오직 은혜 (Sola gratia)_ 19

1. 은혜는 우리의 필요를 채우는 선물이며, 하나님의 능력이다
2. 행위로는 구원받을 자가 없다

02_ 오직 믿음 (Sola fide)_ 47

1. 믿음은 믿음에 이르게 한다
2. 의인은 오직 믿음으로 산다

03_ 오직 성경 (Sola scriptura)_ 91

1. 성경의 기원은 하나님의 감동이다
2. 성경의 역할은 구원의 지혜를 주는 것이다

04_ 오직 그리스도 (Solus Christus)_ 151

1. 모세나 엘리야는 메시아가 아니다
2. 오직 예수님이 메시아이시다

05_ 오직 하나님의 영광 (Soli Deo gloria)_ 191

1. 하나님을 인정하고 중심으로 하는 생활이다
2. 하나님의 영광을 반영하는 생활이다

01
오직 은혜
(Sola gratia)

"너희는 그 은혜에 의하여 믿음으로 말미암아 구원을 받았으니 이것은 너희에게서 난 것이 아니요 하나님의 선물이라 행위에서 난 것이 아니니 이는 누구든지 자랑하지 못하게 함이라"(에베소서 2:8-9).

01
오직 은혜(Sola gratia)

신학자 칼 바르트(Karl Barth)는 개신교와 천주교의 차이를 '오직'(only)과 '그러나'(but)의 차이라고 하였다. 개신교에서는 '오직 은혜로 구원을 얻는다'고 하지만 천주교에서는 '은혜로 구원을 얻는다. 그러나 인간의 공덕도 유익하다'고 한다. 성경은 분명히 행위로 구원받을 자가 없다고 한다. 오직 은혜만이 구원의 조건이 되는 것이다. 인간의 공로는 실패하지만 하나님의 은혜는 언제나 승리한다.

은혜라는 말의 헬라어는 '카리스'라는 단어로 '분에 넘치는 호의'를 의미한다. 하나님의 은혜란 인간에 대한 하나님의 호의 또는 총애를 뜻한다. 은혜의 라틴어 '그라티아'는 총애 또는 호의를 의미한다. '카리스'란 말의 어원은 '카라'이다. '카라'는 기쁨이다. 은혜는 기쁨이며, 기쁘면 은혜를 받는다. 기쁨이 없는 은혜는 없고, 은혜가 없는 기쁨도 없다. 은혜의 선물, 은사(恩賜)는 '카리스마타'이다. 하나님의 은혜로 우리에게 주시는 기쁨의 선물이 곧 '카리스마타'인 것이다. 성경에는 '기뻐하라'는 말씀들이 자주 등장하는데 이는 하나님께서 인간에게 은혜를 주시기 위한 요청인 것이다.

은혜의 교리는 다음과 같은 몇 가지 핵심적인 진리와 가치를 포함하고 있다.

첫째는 '인간의 완전한 도덕적 타락'이다.

인간은 자력으로는 구원이나 도덕적 선에 도달할 수 없다. '칼뱅주의 5대 강령'은 칼뱅주의 예정론의 결정체로서 이 사실을 잘 설명하고 있다. 흔히 'TULIP'이라고 하는 5대 강령은 1619년 화란의 도르트(Dort) 회의에서 알미니안주의자들에 대한 반박으로 제시된 다섯 가지 교리이다. 5대 강령은 '전적 타락'(Total depravity), '무조건적 선택'(Unconditional election), '제한 속죄'(Limited atonement), '불가항력적 은혜'(Irresistible grace), '성도의 견인'(Perseverance of the saints)을 말한다. 아우구스티누스(Augustinus)나 장 칼뱅(Jean Calvin)이 구원론에서 강조하였듯이 구원에 있어서 인간은 전적으로 무능하다. 칼뱅주의의 5대 강령은 하나님의 은혜가 아니면 구원받을 길이 전혀 없다는 것을 강조한다. 인류는 최첨단 과학으로 인간의 생명을 연장하고 이전에는 상상도 하지 못하던 병을 고친다. 그러나 환경의 오염으로 인간은 이전에 볼 수 없었던 희귀한 병에 시달리고 있다.

아무리 의술이 발달한다고 하더라도 인간은 죽음 앞에서 완전히 무능한 존재이다. 첨단 의술이라도 생명을 연장하는 것이지 죽음을 면하게 할 수는 없다. 죽음은 인간이 영원히 해결할 수 없는 과제이며 인간은 누구나 죽음 앞에서 전적으로 무능한 존재일 수밖에 없다. 이 가운데 '불가항력적 은혜'란 하나님의 무한정한 은혜를 의미하며 우리가 "그만 됐습니다"라고 하지만 하나님은 "더 받아라"고 하시며 무한히 주시는 것을 의미한다.

둘째는 '보응하시는 하나님의 공의'이다.

하나님의 공의는 하나님의 옳으심이다. 하나님의 공의는 복을 주시겠다고 하신 자에게 반드시 복을 주시며, 벌을 주시겠다고 하신 자에게 반드시 벌을 내리시는 하나님의 공정하심이다. 성경에는 정의(justice)라는 단어와 공의(righteousness)라는 단어가 함께 등장한다. 두 단어는 중복적으로 사용되며 때로는 한 단어처럼 혼용되기도 한다. 정의로 번역된 히브리어 '체데카'는 윤리적인 의미를 가지며, 공의로 번역된 히브리어 '미슈파트'는 법적인 의미를 가진다. 그러나 '체다카'가 법적인 의미를, '미슈파트'가 윤리적 의미를 가진 표현으로 쓰일 때도 있다. 하나님의 공의는 의로우시고 공평하신 하나님의 속성으로 창조의 '질서'(코스모스)를 이루어 가시는 하나님의 주권이다. 그러므로 하나님께서는 공의로 인간에게 긍휼을 베푸시며 은혜를 주시는 것이다. 따라서 인간의 믿음의 척도는 얼마나 순전하게 하나님의 공의를 믿느냐에 달려 있다.

셋째는 '인간의 영적인 무능성'이다.

살아 있는 영으로 창조된 인간이 타락하므로 하나님의 영이 떠나고 하나님의 형상을 잃었다. 성경은 이를 "여호와께서 이르시되 나의 영이 영원히 사람과 함께 하지 아니하리니 이는 그들이 육신이 됨이라 그러나 그들의 날은 백이십 년이 되리라 하시니라"(창 6:3)고 한다. 특히 인간은 지성이 발달하므로 영성이 쇠퇴하게 되었다. '계몽주의'는 인간의 지성과 이성의 발달로 과학과 학문이 급속도로 진보하였지만 반면에 영성적 쇠퇴를 가속화하였다.

하나님의 영이 인간에게서 떠나므로 인간은 영이신 하나님을 만나지 못하는 영적 무기력에 빠지게 되었다. 그러므로 하나님의 은혜만이 인간의 영적 무능성을 극복할 수 있다. 캐나다의 철학자 알버트 월터스는 성경적 세계관에서 삶의 근본 문제는 죄이며, 그 결과는 영적 무능이며, 유일한 해답은 하나님의 은혜라고 하였다.

넷째는 '하나님의 주권적 자유'이다.

'하나님의 주권'(the sovereignty of God)이란 하나님은 창조자로서 피조물에 대한 절대적 권리와 권위를 가진다는 의미이다. '하나님의 주권'은 하나님의 절대성을 인정하는 하나님의 속성이다. 창조자이신 하나님은 모든 피조물에 대하여 권리와 권위를 가지신 분이다. 그러므로 지으신 모든 것은 하나님의 통치하에 있으며 작은 생명까지도 하나님께서 허락하지 아니하시면 그 하나도 땅에 떨어지지 아니한다(마 10:29). 하나님은 최고의 권위자(the supreme authority)로서 모든 것을 절대주권으로 통치하시며 당신의 의지대로 일하시는 분이다. '하나님의 주권' 사상은 칼뱅 신학의 핵심적 요소 가운데 하나이다. 자격도 이유도 없는 죄인인 인간에게 하나님은 주권적 자유로 은혜를 베푸시는 것이다.

은혜는 하나님의 주권적인 사역에서 나온 자발적인 선택 사랑(election-love)에 언약 사랑(covenant-love)을 더한 것이다. 은혜는 결과적으로 인간의 필요를 아무 대가 없이, 값없이 공급하시고 채우시는 하나님의 사랑이며 능력이다. 하나님의 은혜에 대하여 우리는 선택해야 하며 수용해야 비로소 은혜가 된다. 그러므로 은혜란 그 근원이 하나님께 있다. 인간은 원초적으로 죄인이므로 은혜가 없이 인간의 죄만 보면 절망밖에 없다. 은혜는 인간을 대하는 하나님의 총애 또는 호의를 가리킨다. 하나님의 은혜를 필요로 하지 않고 홀로 자신의 능력으로 사는 사람은 하나도 없다. 동시에 하나님의 은혜를 받을 수 없는 사람도 하나도 없다. 하나님의 은혜는 받아들이는 자에게는 예외가 없이 주신다. 하나님의 은혜는 보편적 사랑이다.

초대 교회의 걸출한 학자이며 교부였던 오리겐(Origen)은 예수님께서 십자가에서 죽으신 것은 인간의 죄를 사하시기 위하여 사탄에게 속전(贖錢)으로 자신의 생명을 보상으로 주셨다는 '보상설'(報償說)을 주장하였다. 그러나 예수님이 사탄에게 보상해야 할 아무 이유가 없다. 그리스도께서 십자가에서 죽으신 것은 "하나님이 세상을 이처럼 사랑하사 독생자를 주신"(요 3:16) 인간에게 베푸신 무조건적인 사랑이며 은혜이다.

인간은 슈바이처의 말대로 '죽음에 포위된 생'을 사는 존재이다. 실존 철학자 하이데거는 인생을 '죽음과 허무에 던져진 삶'이라고 하였다. 아무리 의학이 발달하고 생명 연장술이 발달하였다고 하더라도 죽음을 초월하거나 면제받는 인간은 없다. 죽음의 문제를 해결하지 못하는 인간은 구원의 문제에 있어서는 전적으로 무능할 수밖에 없다. 죄와 죽음의 문제에 있어서 전적으로 무능한 인간에게 구원의 길은 오직 하나님의 은혜밖에 없다.

성경에는 일만 달란트 빚진 자가 주인에게 탕감을 받은 비유가 나온다(마 18:21-35). 일만 달란트란 6,000데나리온으로 갚을 수 없는 빚이었지만 주인의 무조건적인 은혜로 어마어마한 빚이 깨끗하게 청산되었다는 것이다. 그런데 탕감을 받은 사람이 나가서 2백 데나리온 빚진 자를 만나 빚을 갚으라고 하였다. 이 사실을 알게 된 주인은 이 사람을 옥졸에게 넘기고 빚을 다 갚도록 하였다. 무한한 은혜를 받고도 작은 은혜마저 베풀지 못하는 인간의 잘못을 지적하는 말씀이다.

또한 성경은 음행 중에 잡혀온 여인이 예수님의 은혜로 죽음을 면한 사건이 기록되어 있다(요 8:1-11). 이 여인은 율법에 의하면 돌로 쳐 죽을 수밖에 없는 현행범이었다. 그러나 예수님은 죄를 율법으로 다스리지 않고 은혜로 용서하신 것이다. 율법으로는 구원의 길이 없지만 은혜는 구원의 길을 열어준 것이다. 율법은 지키면 복을 받고 어기면 벌을 받는 복과 저주의 조건적 법칙이었지만 은혜는 무조건적으로 용서와 복을 보장하는 전혀 새로운 법이다. 예수님이 오셔서 이 은혜의 법을 주신 것이다.

신학의 주제 가운데 칼뱅주의자들의 전통에 따른 '언약 신학'(covenant theology)이 있다. 언약 신학은 신학의 모든 사상을 언약이라는 개념을 중심으로 해석한다. 특히 이 신학은 그리스도의 십자가의 구속이 모든 시대에 일관되게 적용된다는 신학적 개념이다. '계약 신학'이라고도 하는 이 개념은 성경의 주제가 '구속'이며, 예수 그리스도의 십자가로 완성되었다는 것이다. 언약 신학은 영국의 청교도들로부터 시작되었으며 청교도주의의 신학이 되었으며 후에 미국의 청교도들에게 전달되어 여러 개혁파 교회에서 번성하였다.

언약 신학은 삼위 하나님의 구속의 언약에서 시작한다. 천지가 창조되기 이전에 삼위 하나님은 이미 인류를 구원하시기 위한 '구속언약'(covenant of redemption)을 삼위 간에 세우셨다는 것이다. 그리고 하나님은 인류의 대표인 첫 사람 아담에게 '행위 언약'(covenant of behavior)을 맺으셨다. 하나님께서 선악을 알게 하는 나무를 동산에 두시고 "선악을 알게 하는 나무의 열매는 먹지 말라 네가 먹는 날에는 반드시 죽으리라"(창 2:17)고 하신 것이 행위 언약이라고 한다.

때로 우리는 이 말씀이 하나님의 구속 계획이라는 사실을 망각한다. 선악을 알게 하는 나무를 두시고 그 열매를 먹으면 죽으리라는 말씀만 보기 때문이다. 하나님의 언약적 계획은 먹지 않으면 영원히 살게 될 것이라는 구속의 계획이었다. 그런데 아담은 이 열매를 먹고 하나님께서 약속하신 대로 죽게 되었다. 죽게 된 인간에게 하나님은 또 다른 구속의 계획을 세우시고 언약을 맺으신다. 이것이 '은혜 언약'(covenant of grace)이다. 행위에서 실패한 인간에게 하나님의 구속 계획은 은혜였고, 이 은혜는 그리스도의 십자가로 이루어졌다. 하나님의 은혜는 하나님의 인간 구원의 최후 수단이었다.

성경은 하나님의 은혜뿐만 아니라 예수님도 은혜의 그리스도이신 것을 많이 말하고 있다. 요한복음은 예수님의 탄생기사를 "말씀이 육신이 되어 우리 가운데 거하시매 우리가 그의 영광을 보니 아버지의 독생자의 영광이요 은혜와 진리가 충만하더라"(요 1:14)라고 한다. 예수님은 이 땅에 충만하신 은혜로 탄생하셨다. 그리고 예수님은 성장기 기사에도 "아기가 자라며 강하여지고 지혜가 충만하며 하나님의 은혜가 그의 위에 있더라"(눅 2:40)라고 한다. 예수 그리스도의 충만하신 은혜로 우리가 은혜의 삶을 누릴 수 있게 된 것이다.

예수님은 "내가 율법이나 선지자를 폐하러 온 줄로 생각하지 말라 폐하러 온 것이 아니요 완전하게 하려 함이라"(마 5:17)라고 하셨다. 율법과 선지자는 구약을 지칭하는 것인데 예수님은 구약을 폐하러 오신 것 아니다. 예수님이 오심으로 구약이 폐기된 것이 아니라는 뜻이다. 오히려 예수님은 구약을 완전하게 하시려고 오신 것이다. 예수님이 오시기 전의 구약은 불완전한 것이다. 불완전하므로 구약(舊約) 즉 낡은 약속이라고 하는 것이다. 예수님께서 오심으로 불완전한 구약이 완전한 신약(新約) 즉 새로운 약속이 된 것이다. 예수님은 구약의 불완전하고 부족한 것을 완전하게 채우신 것이다. 구약에서 불완전한 것은 은혜와 사랑이었다. 은혜가 없는 율법은 구원할 수 없으며, 사랑이 없는 율법은 죄를 가중하게 하는 것이다.

한국 기독교 초기 선교사들의 이야기에는 지혜와 해학이 넘친다. 어느 미국 선교사가 한글을 깨우치면서 한글은 가장 우수한 체계적 언어이며 동시에 가장 배우기 힘든 언어라고 하였다. 자음과 모음의 결합을 통한 언어는 과학적이지만 언어생활은 이해하는 데 많은 시간을 요한다는 것이다. 한글을 쓸 수 있다고 해도 기도를 한글로 한다는 것은 어려운 일이었다. 그래서 초기 한국 교회에서는 장로님의 예배 기도가 일반적이 되었다고 한다.

예배 시간 어느 장로님의 기도가 끝날 때 "주님의 이름으로 비옵니다"라고 하였다. 그때 선교사는 "아닙니다. 눈 옵니다"라고 하였다는 것이다. 예배당 밖에서 비가 아니라 눈이 오는 것을 보았던 것이다. 초대 한국 교회의 어느 미국감리교 선교사는 축도 시간이 되어 시작은 하였는데 첫 단어가 생각이 나지 않았다. '지금은', '이제는' 등 유사한 표현들이 많기 때문이었다. 그래서 선교사는 "시방은 우리 주 예수 그리스도의 은혜와"라고 축도를 시작하였다. 예배에 참석한 성도들은 한바탕 웃으며 교회 문을 나갔다는 것이다.

축도는 하나님의 복을 성직자가 전달하는 강복(降福)이다. 흔히 축도는 아론의 축도와 바울의 축도로 구분한다. 아론의 축도는 제사장 아론이 "여호와는 네게 복을 주시고 너를 지키시기를 원하며 여호와는 그의 얼굴을 네게 비추사 은혜 베푸시기를 원하며 여호와는 그 얼굴을 네게로 향하여 드사 평강 주시기를 원하노라"(민 6:24-26)라고 한 것이다. 바울의 축도는 사도 바울이 "주 예수 그리스도의 은혜와 하나님의 사랑과 성령의 교통하심이 너희 무리와 함께 있을지어다"(고후 13:13)라고 한 것이다.

역사적으로 볼 때 아론의 축도가 오랜 교회 전승에서 축도로 사용되었고, 종교 개혁 이후에도 아론의 축도가 사용되었다. 아론의 축도와 바울의 축도가 다 의미가 있지만 두 축도를 함께 하는 것은 예전적이 아니라고 한다. 그래서 필자는 아침 예배 시간에는 바울의 축도를, 오후 예배와 저녁 예배 시간에는 아론의 축도를 하였다.

최근에는 바울의 축도가 일반적이다. 바울의 축도는 은혜와 사랑과 교통하심으로 구성된다. 흔히 삼위 하나님을 성부, 성자, 성령이라고 한다. 삼위는 하나이며 동등하시다. 그런데 바울의 축도는 성자, 성부, 성령의 순이며, 은혜가 축복의 으뜸이라고 한다. 삼위의 역할을 성자는 은혜, 성부는 사랑, 성령은 교통하심이라고 한다. 그러나 삼위일체론적으로 논하면 성자도 은혜와 교통하심을, 성부도 은혜와 교통하심을, 성령도 은혜와 사랑을 함께 공급하시는 것이다. 은혜가 성자 예수 그리스도가 주시는 우선적인 복인 것은 소중한 의미가 있다.

예수님의 '달란트 비유'는 종말에 대한 비유이다. 이 비유의 결론은 "있는 자는 받아 풍족하게 되고 없는 자는 그 있는 것까지 빼앗기리라"(마 25:29)는 것이다. 즉 양극화(polarization)이다. 종말의 비유의 결론이 양극화라는 것은 양극화가 종말적 현상이라는 것을 의미한다. 양극화는 경제뿐만 아니라 정보, 지식 등 미래현상 가운데 이미 드러나고 있는 증상이다. '달란트 비유'의 결론 부분에는 다섯 달란트와 두 달란트를 받아 다섯 달란트와 두 달란트를 남긴 종에게 주인은 "잘하였도다 착하고 충성된 종아 네가 적은 일에 충성하였으매 내가 많은 것을 네게 맡기리니 네 주인의 즐거움에 참여할지어다"(마 25:23)라고 한다. 다섯 달란트로 다섯 달란트를 남기고, 두 달란트를 가지고 두 달란트를 남긴 것은 대단한 성과였다. 한 달란트가 6,000데나리온이며 당시의 하루 품삯이 한 데나리온인 것으로 보면 한 달란트는 6,000일의 품삯이다. 다섯 달란트는 30,000일의 품삯으로 어마어마한 액수이다.

그런데 주인이신 하나님은 충성으로 섬긴 우리에게 "적은 일"이라고 하신다. 그 이유는 우리가 아무리 최선을 다한 충성된 종이라고 하더라도 하나님께서 우리에게 베푸신 구원의 은혜에 비하면 지극히 적은 일에 불과하다는 것이다. 하나님의 은혜의 무한함을 의미하는 것이다.

마르틴 루터의 친구이며 종교 개혁의 힘을 실어준 대학자 필리프 멜란히톤(Philipp Melanchthon)은 "그리스도를 안다는 것은 그분의 은혜를 아는 것이다"라고 하였다. 우리에게 베푸신 은혜를 통하여 우리는 그리스도를 알게 되는 것이다. 은혜를 제하여 버린다면 그리스도 자신이나 그리스도의 사건은 아무 의미가 없게 된다. 시편 116편 12절에는 "내게 주신 모든 은혜를 내가 여호와께 무엇으로 보답할까"라고 한다. 은혜를 아는 것은 그리스도를 아는 일이며 나아가서 감사하는 것이다.

1.
은혜는 우리의 필요를 채우는 선물이며, 하나님의 능력이다

디트리히 본회퍼(Dietrich Bonhoeffer)는 그의 저서 《나를 따르라》에서 '값싼 은혜'의 위험성을 경고하였다. 그가 말한 값싼 은혜란 십자가가 사라진 은혜를 말하며, 값없는 은혜만 강조하여 그리스도인으로서의 행위와 삶을 중요시하지 않는 무례와 위험을 지적한 것이다. 우리에게는 값없는 은혜이지만 이미 그리스도께서는 돈으로 계산할 수 없는 비싼 대가를 지불하셨기 때문에 값없는 은혜가 가능하게 되었다.

은혜라는 단어는 성경에 275회 나타난다. 성경에 이렇게 빈번하게 기록되어 있다는 것은 은혜가 중요한 개념어이기 때문이다. 하나님의 은혜가 우리 구원의 동기가 되며, 이 은혜를 아는 것이 우리 감사의 조건이다. 그러므로 은혜를 잊지 않는 것은 구원 받은 자의 구원자에 대한 가장 큰 보답인 것이다. "원수는 돌에 새기고 은혜는 물에 새긴다"는 속담이 있듯이 은혜를 아는 것은 귀한 일이며, 은혜를 아는 것은 힘든 일이다. 하나님의 은혜가 무엇인가를 오늘의 성경에는 짧고 굵게 설명하고 있다.

은혜는 우리에게 값없이 주시는 하나님의 선물이다. "너희는 그 은혜에 의하여 믿음으로 말미암아 구원을 받았으니 이것은 너희에게서 난 것이 아니요 하나님의 선물이라"(엡 2:8)는 바울의 말은 설명이 아니라 선포이다. '하나님의 선물'이란 말은 헬라어 "데우 토 도론"이며, '도론'(δωρον)은 '드리다'라는 의미를 가지고 있다. 하나님께 드림이 된다는 말 '고르반'이 '도론'이 되심을 의미한다.

히브리서 8장 3절에는 "대제사장마다 예물과 제사 드림을 위하여 세운 자니 그러므로 그도 무엇인가 드릴 것이 있어야 할지니라"라고 한다. '예물'로 번역된 헬라어 단어는 '도론'이다. 우리의 대제사장이신 예수 그리스도가 십자가에 못 박혀 피를 흘리심으로 우리를 위해 하나님께 드림(도론)이 되셨다.

로마서 5장 15절에는 "그러나 이 은사는 그 범죄와 같지 아니하니 곧 한 사람의 범죄를 인하여 많은 사람이 죽었은즉 더욱 하나님의 은혜와 또한 한 사람 예수 그리스도의 은혜로 말미암은 선물(도론)은 많은 사람에게 넘쳤느니라"라고 한다. 예수 그리스도는 우리에게 주신 '드림'이 되셨고, 은혜로 말미암은 '선물'이 되신 것이다.

아우구스티누스는 '좋은 선물'이란 말의 라틴어 '보나 보나'(bona

bona)를 그의 저작에 많이 사용하였고, 그는 하나님을 '라지토' (largitor) 즉 '선물을 아낌없이 주시는 분'이라 불렀다. 로마서 8장 32절에는 "자기 아들을 아끼지 아니하시고 우리 모든 사람을 위하여 내주신 이가 어찌 그 아들과 함께 모든 것을 우리에게 주시지 아니하겠느냐"라고 하는데 이는 하나님을 선물을 주시는 분, 은혜를 베푸시는 분이라는 뜻이다.

'선물'이란 말의 사전적 의미는 '남에게 어떤 물건 따위를 선사함, 또는 그 물건'이라고 한다. 사전적 의미에서도 선물은 대가성이 없음을 말한다. 선물에는 감사가 있다. 선물은 감사하는 마음을 표현하기 위하여 대가성이 없이 주는 것이다. 선물은 대가성이 없기 때문에 사거나 파는 것이 아니다.

베드로와 요한이 사마리아에 내려가서 사마리아 사람들에게 안수하므로 그들이 성령을 받았다. 시몬이라는 사마리아의 마술사가 사람을 놀라게 할 마술을 많이 행하였는데 두 사도가 안수하므로 성령을 받은 것을 보고 돈을 드려 자신이 안수하는 사람들이 성령을 받게 해 달라고 하였다. 이 때 베드로가 시몬을 책망하였다. "네가 하나님의 선물을 돈 주고 살 줄로 생각하였으니 네 은과 네가 함께 망할지어다"(행 8:20). 하나님의 선물은 은혜로 받을 만한 자에게 거저 주시는 것인데 선물을 돈으로 사려고 한 것은 망할 일이라는 것이다.

선물과 뇌물의 차이가 있다. 우리 사회에서도 흔히 정치적인 갈등이 생길 때마다 뇌물의 시비가 불거진다. 뇌물 문제가 터질 때마다 대가성이 있다, 대가성이 없다는 공방이 끊이지 않는다. 우리나라에도 2015년 흔히 '김영란법'이라 불리는 '부정 청탁 및 금품 등 수수의 금지에 관한 법률'이 제정되었지만 이것도 갈수록 느슨해지는 느낌이다. 선물과 뇌물을 구별하는 것은 객관적 기준으로 판단하기는 어렵다. 선물이냐, 뇌물이냐의 기준은 준 사람과 받은 사람만이 확실하게 알고 있을 것이다.

선물과 뇌물의 차이를 이런 말로 표현하기도 한다. "받거나 주고 나서 발을 뻗고 자면 선물이고, 그렇지 않으면 뇌물이다." "위에서 아래로 흐르면 선물이고, 아래에서 위로 흐르면 뇌물이다." 하나님이 주시는 것은 항상 위에 계시는 하나님께서 아래에 있는 우리에게 흘러오므로 온전한 선물이다. 그리고 하나님은 인간에게 뇌물을 주실 이유가 전혀 없다.

그런데 하나님은 우리에게 뇌물을 주실 이유도 없지만 선물을 주실 이유가 있나? 이것 또한 없다. 우리가 하나님께 선물을 받을 아무 이유가 없다. 더구나 우리의 공덕으로 생각한다면 선물을 받을 이유가 전혀 없는 것이다. 우리가 하나님의 선물을 받는 것은 단지 하나님의 사랑 때문이다. 하나님께서 하나님의 주권적 자유로 우리를 하나님의 자녀로 삼으셨기에 자녀에게 주시는 선물을 주시는 것이다. 이것이 하나님의 은혜이다.

독일 격언에는 "선물을 보지 말고 선물 주는 손을 보라"는 말이 있다. 하나님께서 주시는 선물은 항상 좋은 것이다. 하나님의 선물은 언제나 우리에게 가장 적절한 것이다. 그러므로 하나님께서 주시는 선물도 보고 그리고 선물을 주시는 하나님의 손도 보아야 한다. 하나님의 손은 사랑의 손이며, 건지시는 손이며, 이끄시는 손이다.

선물은 감사로 받아야 가치가 있다. 하나님께서 우리에게 주신 생명, 호흡, 신체, 음식, 공기, 햇빛 모두가 선물이다. 이 모든 선물을 감사함으로 받아야 가치가 있다. 그리고 이 모든 것은 주신 분을 위해 써야 한다. 하나님께서 우리에게 주신 모든 것은 우리가 즐기며, 하나님께 영광이 되게 하기 위하여 주신 것이다.

헨리 나우웬 이후 최고의 대표적인 영성 작가로 불리는 로널드 롤하이저(Ronald Rolheiser)는 "선물을 준 사람에게 답하는 최고의 감사 인사는 받은 선물을 온전히 즐기는 것이다"라고 하였다. 세상에서 가장 어리석은 사람은 받은 선물을 즐기지 못하는 사람이다. 선물을 받고도 선물인 줄 알지 못하는 사람이 어리석은 사람이다. 심지어 받은 선물을 부담스럽게 생각하는 사람은 더 어리석은 사람이다.

'카리스'(은혜)는 항상 '유카리스타'(감사)라는 답을 요구한다. 은혜는 감사의 답을 요구하며, 감사할 때에 은혜는 진정한 은혜가 된다. '유카리스타'라는 단어도 역시 '카라'(기쁨)라는 단어에서 파생되었다. 기쁨과 은혜와 감사는 항상 동류이며, 함께 간다. 은혜를 아는 신령한 지식은 영성적 기쁨에서 비롯되며, 궁극적으로 하나님께 대한 감사로 이어진다.

고린도전서 15장 10절에는 "그러나 내가 나 된 것은 하나님의 은혜로 된 것이니"라고 고백한다. 바울이 '나의 나 된 것'이라고 고백하는 것은 자신의 구원, 자신의 가문, 자신의 과거의 삶, 그리스도를 만남으로 변화된 자신의 현재의 삶, 십자가의 복음으로 무장된 자신의 소명 등 모든 것이 하나님의 은혜라는 것이다. 이 고백은 바울의 고백인 동시에 우리 모두의 고백이다. 우리가 은혜로 말미암아 자아관을 가진다. 은혜 아니면 자아가 없다. 은혜가 아니면 자신의 정체성을 가지지 못한다.

"은혜 아니면 살아갈 수가 없네, 호흡마저도 다 주의 것이니
세상 평안과 위로 내게 없어도, 예수 오직 예수뿐이네
크신 계획 다 볼 수도 없고, 작은 고난에 지쳐도
주께 묶인 나의 모든 삶, 버티고 견디게 하시네
은혜 아니면 살아갈 수가 없네, 나의 모든 것 다 주께 맡기니
참된 평안과 위로 내게 주신 주 예수 오직 예수뿐이네."

은혜 아니면 지금까지 살 수도 없었고, 은혜 아니면 앞으로 살아갈 수도 없다.

2.
행위로는 구원받을 자가 없다

에베소서 2장 9절은 "행위에서 난 것이 아니니 이는 누구든지 자랑하지 못하게 함이라"고 한다. 앞서 설명한 대로 구원에 있어서는 사람은 전적으로 무능한 존재이다. 자신이 구원받는 일에 있어서 자신이 할 수 있는 것이 아무것도 없다. 왜냐하면 구원은 행위에서 난 것이 아니기 때문이다.

은혜는 '일'(에르가)의 반대어이다. 나의 일, 나의 행위, 나의 공로는 완전하지 못하고 언제나 부족하기 짝이 없다. 이런 완전하지 못한 나의 '일'은 구원에 이를 수 없다. 아무리 열심히 애쓰고 수고한다고 하더라도 구원에 이르기는 턱없이 모자란다. 하나님께서 원하시는 기준에 인간은 행위로 이를 수 없기 때문이다.

왜 인간의 행위로 구원에 이를 수 없는 것인가? 인간 행위는 죄로 말미암아 선에 이를 수 없다. 인간의 악이 최고조에 이르렀을 때는 노아 시대이다. 하나님께서 홍수로 인간을 멸망시킬 계획을 하신 이유를 성경은 이렇게 설명한다. "여호와께서 사람의 죄악이 세상에 가득함과 그의 마음으로 생각하는 모든 계획이 항상 악할 뿐임을 보시고"(창 6:5). 당시에 죄악이 세상에 '가득'했고, 사람들의 '모든' 생각은 '항상' 악했다. 다시 말하면 사람들의 생각과 계획 가운데 착한 것이 조금도 없었다는 말이다.

하나님께서 창조하신 인간이 하나님의 선을 닮지 못하고 악하게 된 까닭은 인간의 마음에 하나님을 두지 않고 세상의 온갖 악한 것들을 담고 살았기 때문이다. 하나님께서는 인간의 악한 마음을 그대로 버려두셨다. "또한 그들이 마음에 하나님 두기를 싫어하매 하나님께서 그들을 그 상실한 마음대로 내버려 두사 합당하지 못한 일을 하게 하셨으니"(롬 1:28)라고 성경은 가르친다.

상실한 마음이 하나님 대신 채우는 것은 불의, 추악, 탐욕, 악의, 시기, 살인, 분쟁, 사기, 악독, 수군거림, 비방, 하나님께서 미워하시는 일, 능욕, 교만, 자랑, 악을 도모, 부모 거역, 우매, 배약, 무정, 무자비 등이다. 이런 인간의 행위로는 구원의 여지가 조금도 없다. 타락하고 상실한 마음의 행위는 기대하거나 의존할 수 없는 것이다.

바울은 "내가 원하는 바 선은 행하지 아니하고 도리어 원하지 아니하는 바 악을 행하는도다"(롬 7:19)라고 한탄한다. 인간의 행위는 선을 향하지 않고 악을 향해 있다는 사실을 이전의 율법적 삶을 통하여 보고 있는 것이다. 이것이 율법, 계명, 행위의 생리이다.

이런 율법의 이면, 행위의 결과를 바울은 복음에 비추어 깨닫게 된 것이다.

유대인들은 하나님께서 주신 십계명을 생명같이 여겨왔다. 그들은 10가지 계명을 613개의 작은 계명으로 나누어 지키려고 하였다. 계명을 최초로 분류한 사람은 중세 시대 유대의 저명한 랍비 사상가 마이모니데스(Maimonides)였다. 그는 긍정인 형태의 적극적인 계명 248개와 부정적 형태의 소극적인 계명 365개를 분류하여 613개의 계명을 만들었다. 248개는 사람의 몸을 이루고 있는 모든 부분을 총합한 수이며, 365개는 1년을 뜻한다고 한다.

율법만으로는 절망이라면 은혜는 희망이다. 예수 그리스도가 오심으로 율법이 아닌 은혜의 시대를 여셨다. 예수님이 오심으로 이전의 율법의 시대는 막을 내리고, 예수님의 오심을 예언하던 구약의 선지자는 물러가고, 예수님이 친히 그리스도로 오시고 은혜의 시대가 열린 것이다.

예수님이 오신 목적을 누가는 "나를 보내사 포로 된 자에게 자유를, 눈 먼 자에게 다시 보게 함을 전파하며 눌린 자를 자유롭게 하고 주의 은혜의 해를 전파하게 하려 하심이라 하였더라"(눅 4:18 하-19)라고 한다. 예수님이 오셔서 은혜의 해를 전파하신 것이다. 파스칼은 "율법은 그것이 줄 수 없는 것을 요구하지만 은혜는 그것이 요구하는 모든 것을 준다"라고 하였다. 율법과 은혜의 차이를 짧은 말로 확실하게 설명하고 있다.

기독교의 역사 가운데는 아우구스티누스와 펠라기우스의 논쟁이라는 큰 사건이 있었다. 영국의 수도사인 펠라기우스(401-409)는 로마에서 전도자의 역할을 수행하였다. 그는 아우구스티누스에게 신학적으로 대적하여 끊임없이 논쟁을 이어나갔다. 아담 이후 죄인인 인간의 의지는 죄 아래 있으므로 자신의 의지나 행위가 아니라 믿음이나 선행은 하나님의 특별한 은혜를 요구한다는 아우구스티누스의 원리를 그는 정면으로 부인하였다.

펠라기우스는 "주님의 명령을 순종할 수 있는 은혜를 주시고 주님의 뜻대로 명령하소서"라는 아우구스티누스의 기도에 동의할 수 없다고 하였다. 반면에 펠라기우스는 인간의 행위나 선행 그리고 의지로 구원에 이를 수 있다고 하였다. 아우구스티누스의 신학의 시작은 하나님의 은혜이며, 펠라기우스의 신학의 시작은 인간의 노력이다.

펠라기우스주의가 인간의 행위를 구원의 조건으로 말하고 있지만 아우구스티누스주의는 인간의 행위마저 인간의 의지가 아니라 하나님의 은혜로 가능하다고 한다. 많은 그리스도인들 특별히 목회자들은 이론적으로는 아우구스티누스주의자들로서 하나님의 주권적 자유와 은혜를 강조한다. 그러나 실제적으로는 인간의 의지와 행위에 따른 도덕적 노력을 가장 중요한 요소로 주장한다.

비교종교학에서는 기독교와 불교를 상대적으로 비교한다. 불교는 한 마디로 말하면 '상향종교'이다. 불교는 자신이 주체가 되어 '내가 도를 깨우쳐 부처가 되는 것'(悟道成佛)이다. 불교에서는 누구나 해탈하여 부처가 될 수 있고, 자신의 수양과 공덕으로 열반에 들어갈 수 있다고 가르친다. 그러므로 위를 향한 인간의 끝없는 고행을 강조하므로 상향종교라 부른다.

불교 가운데도 티베트를 중심으로 한 히말라야 산맥과 인접한 지역에서 믿는 대승 불교의 한 종파인 티베트 불교는 인간의 한계를 초월하는 극기와 고행을 강조한다. 종교적 스승인 라마를 중시한다고 하여 라마교라고도 하며, 겔루크파의 수장인 달라이 라마는 잘 알려져 있다. 티베트 불교는 평생을 수행에만 몰두하는 승려와 불자가 있다.

오래전에 티베트를 여행하였다. 티베트는 수도 라싸가 해발 3,800미터로 전국토가 고지이므로 산소 결핍으로 많은 고통을 겪었다. 산소 결핍에 적응이 되어 있다고 하지만 이런 상황에서도 고행을 쉬지 않는 승려들이 많이 있다. 그들은 양 무릎, 양 팔꿈치, 이마 등 신체의 다섯 부분이 땅에 닿도록 절을 하며 교만과 어리석음을 참회하고 자신을 무한히 낮추면서 큰절을 올리는 '오체투지'를 하며 '옴 마니 반메 훔'(이 무지에서 나를 구원하소서)이라는 주문을 읊는다.

라싸에는 달라이 라마가 인도로 망명할 때까지 주로 거주한 포탈라(布達拉)궁이 있다. 현재는 박물관이자 유네스코 세계 유산으로 등재되어 있는 포탈라궁은 부처가 산다는 뜻이라고 한다. 오래전 이곳을 방문했을 때 여러 달라이 라마의 무덤이 있고, 한 무덤은 금으로 둘러싸인 것을 보았다. 티베트 불교의 성지인 이곳은 매일 그 주위를 오체투지로 순례하는 라마승과 불자들을 볼 수 있다. 아침에

01_ 오직 은혜(Sola gratia)

시작하여 시계 방향으로 이 궁을 돌아 저녁이 되어서야 순례가 끝이 난다는 것이다. 그들은 지금도 이런 고행을 통하여 해탈할 수 있다고 믿는다. 가장 극심한 고행을 통하여 구원을 얻을 수 있다는 것이다.

또 티베트 불교에는 '마니차'라는 원통형 경전이 있다. 그들은 엄청난 분량의 불교 경전을 다 읽을 수 없으므로 '만트라'가 새겨져 있는 '마니차'를 한 바퀴 돌리면 경전을 한 번 읽은 셈이 된다고 하여 '마니차'를 돌린다. 지구상에서 어떤 종교보다 가장 극심한 고행을 요구하고 있는 그들의 수행이 결코 구원을 이룰 수 없다. 가장 많은 고행을 감수한 그들이 가장 불쌍한 인생일 것이다. 구원은 인간의 행위나 공덕으로 말미암지 않는 것이다.

내가 고등학생 시절에 우리 집에 어느 승려가 찾아오셨다. 그때 선친께서는 대구제일교회를 시무하고 계셨다. 당시에 목사의 사택은 교회 구내에 있었고, 교회의 정문을 통해 교회를 끼고 들어와야 사택에 이를 수 있었다. 승복을 입은 승려가 교회의 문을 통하여 사택까지 들어온다는 것은 상상하기 힘든 광경이었다. 이 승려는 선친과 오랜 시간 종교에 대한 이야기를 주고받았다.

혹시 승려가 선친을 해칠까 하여 몽둥이를 옆에 두고 선친과 승려의 대화에 귀를 기울이고 있었다. 상당히 오랜 시간이 흐르고 나서 선친께서는 어머니를 부르셨다. "여보, 내 양복 한 벌하고 와이셔츠와 넥타이 하나 가지고 오소." 그 승려는 빡빡머리를 한 채로 승복을 벗어둔 채 선친의 양복을 입고 집을 나섰다. 이 승려는 후에 목사가 된 최 아무개 목사님이시다.

그분이 선친을 찾아온 연유는 이러하다. 그는 어려서 출가한 승려로 당시에 속리산 어느 사찰의 총무 스님이셨다. 그는 오랜 승려 생활 가운데 도를 깨우치려고 작은 암자에 올라가 100일을 생식하면서 수행에 들어갔다. 그러나 100일이 가까울수록 배고픔이 극심해지고 허깨비만 눈앞에 오락가락 하더라는 것이다. 그래서 그는 "여기에 생명이 없구나. 생명을 찾아야겠다"라고 결심하며 암자를 내려와 불교를 잘 이해하는 목사님을 수소문하여 대구에 계신 선친을 찾아온 것이다.

선친의 박사학위 논문 제목이 '요한복음에 계시된 예수 그리스도와 마하야니쉬에 나타난 부다의 비교연구'(Jusus Christ as Revealed in the Gospel of John Compared with Buddha in Mahayanish)이니 불교를 상당히 이해하고 계셨다. 목사가 된 승려는 선친을 찾아오실 때 이미 생명의 근원을 알고 계셨다.

"내가 무엇을 하여야 영생을 얻으리이까?"(눅 18:18)라는 근본적인 질문을 가지고 오신 승려는 해답을 얻게 되었고, 그 해답을 알지 못하는 이들에게 가르치게 되었다. 목사가 된 승려, 최 목사님은 사찰을 찾아다니며 동료 승려들을 찾아다니며 생명이 있는 종교가 무엇이며, 어떻게 생명을 얻는가를 전하다가 세상을 떠나셨다.

한국 불교의 큰 스님이라고 지칭하는 어느 승려는 지금도 불자들을 초월하여 존경받는 승려이다. 어느 날 그에게 죽마고우가 찾아와 '이제 나이도 들고 세상 것들을 많이 가져봤으니 마지막으로

01_ 오직 은혜(Sola gratia)

종교를 갖고 싶다'고 하였다. 그때 그 승려는 "내가 평생 이 길을 걸어봤으나 여기엔 생명이 없으니 예수를 믿으라"라고 하며, "서울에 가면 한경직 목사님이라고 계시는데 그 교회에 가서 신앙생활 잘 하라"고 하였다고 그 친구가 전해 주었다.

인간은 아무리 공덕을 쌓고 인격을 수련해도 이것으로는 구원을 얻지 못한다는 것이다. 로마서 11장 6절에도 "만일 은혜로 된 것이면 행위로 말미암지 않음이니"라고 한다. 행위는 은혜의 반대이며, 은혜는 구원에 이르게 하지만 행위로는 이르게 하지 못한다.

로마의 위대한 황제 콘스탄티누스는 아들 크리스파스를 죽인 후에 번민하며 사죄하려고 로마 신전을 찾아갔다. 신관은 황제에게 말하기를 로마 신전에는 사죄의 길이 없다고 하였다. 황제는 플라톤의 철학에서 사죄의 길을 찾으려고 하였지만 거기에도 사죄의 길은 없었다. 다시 황제는 그리스도를 통하여 사죄의 길을 찾으려고 하였다. 황제는 골도바의 감독 호레야스를 통해 십자가의 은혜를 알게 되었고 그리스도의 제자가 되었다. 우리의 죄를 용서받고 구원에 이를 수 있는 것은 은혜밖에 없다.

바울은 고린도전서 15장 10절에서 "내가 나 된 것은 하나님의 은혜로 된 것이니 내게 주신 그의 은혜가 헛되지 아니하여 내가 모든 사도보다 더 많이 수고하였으나 내가 한 것이 아니요 오직 나와 함께 하신 하나님의 은혜로라"고 한다. 바울은 그리스도를 만난 다음 예수 그리스도 외에 어떤 것도 그의 관심사가 아니었고 알기를 원치 않았다. 그리고 복음 외에 어떤 것도 전하지 않았다. 그런 그가 고백하기를 하나님의 은혜로 자신이 구원을 얻고 사도가 되었다고 한다. 은혜로 구원 받았기에 자신의 수고나 행위는 아무 것도 아니었다.

헬라 신화에서 탈타루스(Tartarus)가 제우스(Zeus)의 비밀을 누설한 혐의로 형벌을 받는다. 제우스는 탈타루스를 지옥의 호수에 결박하여 면할 수 없는 고통 속에 나날을 살게 한다. 탈타루스의 턱 밑에는 맑은 물이 담긴 그릇이 있고, 머리 위에는 탐스런 과일이 열린 가지가 손에 잡힐 듯 달려 있다. 그러나 물을 마시려면 물그릇은 멀어져 버리고, 과일을 떠먹으려면 가지가 손에 닿지 않게 높이 올라가 버린다. 그리하여 탈타루스는 영원히 목마름과 주림으로 고통을 당하게 되는 것이다.

인간은 끝없는 이상과 기대를 가지고 살지만 부족함으로 말미암은 고통은 끝이 없고, 욕망으로 목마름 속에 살아간다는 것이다. 인간은 스스로의 힘으로 자신의 목마름과 배고픔조차 채울 수 없는 존재이다. 은혜가 아니면 가장 기초적이며 작은 일마저도 채울 수 없는 것이 인간이다. 오직 하나님의 은혜만이 우리의 영혼과 육체의 필요를 채우시는 것이다.

"은혜는 낮은 곳에 고인다"는 말이 있다. 은혜는 위에서 아래로 내리시는 하나님의 사랑의 선물이다. 하나님은 높은 곳에서 낮은 우리에게 끊임없이 은혜 주시기를 원하신다. 한국 교회가 참 어려운 때를 지나고 있다고 하지만 한국 교회의 근대사를 되돌아보면 어렵지 않은 때가 한 번도 없었다. 이런 어려움 가운데도 하나님의 은혜는 내리고 있다.

　시편 기자의 고백처럼 하나님께서 우리 앞에 쌓아두신 은혜가 크다(시 31:19). 우리에게 내리신 복을 세어 보면 하나님의 은혜가 아닌 것이 하나도 없다. '오직 은혜'는 인간에게 주신 하나님의 사랑의 선물이다. 그 선물을 감사로 받는 사람은 하나님의 자녀, 그리스도인이 된다. '오직 은혜'의 믿음으로 맡겨주신 일들을 감사함으로 받드는 것이 소명자의 자세이다.

02

오직 믿음
(Sola fide)

"내가 복음을 부끄러워하지 아니하노니 이 복음은 모든 믿는 자에게 구원을 주시는 하나님의 능력이 됨이라 먼저는 유대인에게요 그리고 헬라인에게로다 복음에는 하나님의 의가 나타나서 믿음으로 믿음에 이르게 하나니 기록된 바 오직 의인은 믿음으로 말미암아 살리라 함과 같으니라"(로마서 1:16–17).

02
오직 믿음(Sola fide)

'오직 은혜'와 '오직 믿음'은 밀접한 관계를 가진다. 하나님 편의 '오직 은혜'에 대한 인간 편의 응답이 '오직 믿음'이다. 개혁주의자들이 '오직 믿음'이라고 한 것은 가톨릭 교회가 '믿음으로 구원을 받는다, 그러나 인간의 공덕과 행위도 유효하다'고 한 것에 대한 단호한 저항(protestant)이었다. 구원의 길은 믿음밖에 없다는 강한 표현이다.

'믿음'이라는 단어는 히브리어로 '에무나토'인데 공평, 견고, 확실, 영원이란 뜻이다. 신뢰성에 기초한 품성이나 행위의 공평함을 말한다. 헬라어로는 '피스티스'로 '맡긴다'는 뜻이다. 우리가 누구를 믿는다는 것은 그에게 무엇을 맡긴다는 뜻이다. 안심하고 맡길 수 있다는 것은 믿는다는 증거이다.

우리가 다 예수를 믿는다고 고백한다. 그런데 "'예수 믿는다'는 말이 무슨 뜻입니까?"라고 물으면 많은 그리스도인들이 선뜻 대답하지 못한다. 이 말은 '예수님을 나의 구주로 믿는다'는 말의 줄임말이다. 예수를 그리스도로 믿는다는 것은 위대한 일이다.

2000년 전 우리와 같은 인간으로 이 땅에 오신 예수가 나의 그리스도, 메시아, 구세주라는 고백이다. 이 고백은 믿음으로 가능하며, 이성적 판단이나 지식으로 가능한 고백이 아니라 오직 은혜로 가능한 고백이다. 그리고 예수를 믿는다는 말은 구체적으로 예수께 모든 것을 맡긴다는 말이다.

믿음의 결과는 영생을 얻는 것이다. 믿음이란 윤리적 완성이 아니다. 즉 믿음은 이 세상에서 윤리적 삶을 살기 위한 것이 아니다. 그러므로 믿음이란 노력으로 선을 추구하는 것이 아닌 것이다. 인간이 영생을 얻는 것은 하나님의 선물이다. 은혜가 하나님의 선물이듯이 믿음도 선물이다. 믿음은 나의 노력으로 얻어질 수 있는 것이 아니다. 믿음은 나의 행위로 생기는 것이 아니다. 믿음은 나의 선으로 주어지는 것이 아니다. 하나님의 선물이다.

믿음은 여러 신학자들에 의해 다양하게 정의되었다. 신학자 칼 바르트는 믿음을 '결단'이라 하였다. 폴 틸리히는 믿음을 '뛰어넘는 것'이라고 하였다. 키르케고르는 믿음을 '이성을 십자가에 못 박는 것'이라고 하였다. 사상가이며 시인인 에머슨(Ralph Waldo Emerson)은 믿음은 "종달새의 알에서 종달새의 지저귀는 소리를 듣는 것이다"라고 하였다. 자신의 체험에 따라 믿음은 여러 말로 정의할 수 있을 것이다. 믿음에 대한 정의는 각자의 신앙 고백일 수 있다. 그리고 가장 포괄적인 믿음의 정의는 맡기는 것이라고 할 수 있다.

개혁주의 신학에서는 믿음을 세 단어로 해석한다. 지식(notitia)과 동의(assensus)와 신뢰(fiducia)이다.

첫째는 '믿음은 지식'이다. 지식은 믿음이 아니지만 믿음은 지식이다. 지식은 완전한 믿음은 아니지만 믿음의 중요한 기초이다. 요요한복음 4장에는 예수님의 치유 기적 가운데 왕의 신하의 아들을 고치신 기적이 기록되어 있다. 왕의 신하의 아들이 병들었을 때에 왕의 신하는 예수님께서 갈릴리로 오셨다는 말을 듣고 예수님께 "내려오셔서 내 아들의 병을 고쳐 주소서"라고 하였다. 그는 다급한 마음으로 두 번이나 예수님께 "내려오셔서" 고쳐 달라고 하였다 (요 4:47, 49).

그러나 예수님은 그의 집으로 내려가지 않으시고 "네 아들이 살아 있다"라고 하셨다. 내려오셔서서 고쳐달라고 하던 왕의 신하는 예수님의 말씀을 믿고 집으로 가다가 종들을 만나 아들이 살아 있다는 말을 들었다. 왕의 신하는 종들에게 아들이 낫기 시작한 때를 물었고 종들은 어제 일곱 시라고 하였다. 왕의 신하는 그 시간이 예수님께서 "네 아들이 살아 있다"라고 선포하신 그때인 줄 알고 온 집안이 믿게 되었다. 믿음이란 그냥 믿는 것이 아니라 알고 믿는 것이다. 신앙은 지식적이어야 하고, 지식은 신앙적이어야 한다.

둘째는 '믿음은 동의(同意)'이다. 동의의 사전적 의미는 의사나 의견을 같이 하는 것이며, 다른 사람의 행위를 승인하거나 시인하는 것이다. 믿음이 동의라는 것은 하나님의 말씀에 대한 전적인 시인을 의미한다. 기독교의 경전인 성경이 하나님의 말씀이라고 시인하고 낱낱의 말씀에 대하여 동의하는 것이 곧 믿음이다.

웨스트민스터 신앙 고백을 비롯한 대부분의 정통주의 신조와 신학에서 성경은 하나님의 말씀이라고 고백한다. 이에 따라 대한 예수교장로회(통합)의 신조 제1조에도 "신구약 성경은 하나님의 말씀이니 신앙과 행위에 대하여 정확 무오한 유일의 법칙이다"라고 규정한다. 그리고 장로회 교리도 "신구약 성경의 교훈한 진리를 총괄한 것이다"라고 한다.

믿음의 기본은 40여 명의 저자와 1,600년 이상의 시간 차이에도 불구하고 66권의 성경이 사람의 말이 아니라 하나님의 말씀이라고 고백하는 것이다. 성경을 하나님의 말씀이라고 믿으면 창조자 하나님, 구세주 그리스도, 보혜사 성령님 그 외의 모든 성경의 가르침에 동의하게 될 것이다.

동의하는 것은 "그렇습니다"라고 시인하는 것이다. 예배의 많은 부분에서 예배자는 인도자와 설교자 그리고 그 외의 순서자에 따라서 동의한다. 대표 기도자의 기도가 끝날 때에 '아멘'이라 응답하는 것도 동의하는 것이다. 성경 봉독자가 말씀 봉독 끝에 "이는 살아 계신 하나님의 말씀입니다"라고 할 때 "아멘"으로 응답하는 것도 동의하는 것이다.

'아멘'이란 헬라어로 '진실로'라는 뜻이다. 예배자가 '아멘'으로 응답하는 것은 대표 기도자의 기도에, 성경 봉독자의 말씀에 "진실로 그렇습니다, 동의합니다"라고 응답하는 것이다. 그러므로 이런 경우에는 확실하고 큰 소리로 "아멘"으로 응답하는 것이 좋다. 대개 "아멘" 소리가 우렁차고 확실한 교회가 은혜로운 교회이고, 그러한 성도가 믿음이 있는 성도이다.

셋째는 '믿음은 신뢰'이다. 신뢰란 맡기는 것을 의미한다. 우리가 맡기는 믿음이 없다면 온전한 사회생활을 하기조차 힘이 들 것이다. 우리는 아무 의심 없이 은행에 내 돈을 맡긴다. 중요한 우편물 발송을 아무 의심 없이 우체국에 맡긴다. 병원에 가면 의사에게 내 몸을 맡기고 심지어 다른 사람에게 보여주지 않는 부분까지도 서슴없이 보여준다. 비행기를 타면 조종사에게 내 생명까지 맡기고 아무 두려움 없이 여행을 즐기고 깊이 잠들기도 한다. 이용원이나 미용실에 가면 내 목까지 그들의 칼에 맡긴다. 그 외에도 사회 제도에 내 삶을 맡기고 살게 되는 것이다.

알렉산더 대왕이 대륙을 정복하는 치열한 전쟁을 계속하는 도중 한 번은 심한 열병을 앓아 위중하게 되었다. 대왕의 종인 빌립은 온 정성을 다해 간호하였고, 최고의 약으로 극진히 치료하였다. 대왕도 이런 빌립을 전적으로 신뢰하여 그가 시키는 대로 요양을 하였다. 하루는 대왕이 신임하던 부하 장수가 대왕에게 밀서를 보냈다. 그 내용은 빌립이 적군에게 매수되어 대왕을 독살하려는 음모를 꾸미고 있으니 각별히 조심하라는 경고였다. 대왕이 이 서신을 읽고 있는 동안 빌립이 약사발을 들고 들어왔다. 대왕은 독살의 음모가 있다는 서신을 한 손에 들고 빌립이 가지고 온 약을 한 치의 의심도 없이 받아 마셨다. 그리고 손에 들려 있던 그 밀서를 빌립에게 보여주었다. 이 밀서를 본 빌립은 그 이후 알렉산더 대왕에게 생명을 바치는 시의가 되었다. 만약 그때에 대왕이 빌립을 믿지 못했다면 애꿎은 피 흘림이 있었을 것이고 대왕의 생명도 위험에 처했을 것이다. 그뿐만 아니라 대왕의 위험은 곧 전쟁의 패배와 국가의 존망을 좌우할 수도 있었을 것이다.

믿음이란 동의이지만 지식적인 동의가 아니다. 이성적인 판단이나 지식적인 논리로 동의하는 것을 믿음이라고 할 수 없다. 야고보서 2장 19절에서는 "네가 하나님은 한 분이신 줄을 믿느냐 잘하는도다 귀신들도 믿고 떠느니라"라고 한다. 귀신들이 믿는다고 해서 귀신들이 구원을 받는 것이 아니다. 믿음이 동의라는 것은 머리가 아닌 가슴으로, 말이 아닌 행동으로, 이성적 지식 너머에 있는 신령한 지식으로 맡기는 신뢰를 의미한다. 영혼과 육체를 통한 전인적 신뢰가 믿음이라는 것이다.

주후 150년경 북아프리카 카르타고에서 태어난 초대 교회의 걸출한 대학자 터툴리아누스(Tertullianus)는 "나는 불합리하기 때문에 믿는다"라고 하였다. 4세기의 학자이며 성자로 불리는 위대한 교부 아우구스티누스(Augustinus)는 "신앙이 지식의 조건이 된다"고 하여 "믿고 나서 안다"(credo ut inteligam)라고 하였다. 11세기 중세의 스콜라철학의 시조라 불리는 안셀무스(Anselmus Cantuariensis)는 "신앙은 지식을 더 찾게 된다"고 하였다. 신앙과 지식의 관계를 잘 설명한 말들이다. 지식이 신앙의 기초가 되며 신앙이 지식을 더욱 빛나게 하는 신앙의 중요성을 확인할 수 있다.

예수님의 공생애를 크게 3단계로 구분한다. 특히 제4복음서인 요한복음에는 이 구분이 잘 드러나 있다.

첫째 단계는 '초청의 단계'이다. 공생애 초기에 예수님은 다양한 사람들을 초청하셨다. 그래서 "나를 따르라", "와서 보라"는 말씀을 여러 번 하셨다.

둘째 단계는 '믿음의 단계'이다. 공생애 중기에 예수님은 '믿음' 혹은 '믿으라'는 말씀을 많이 하셨다. 특히 요한복음 21장의 중간 장인 11장에는 나사로를 살리신 기록이 있다. 요한복음 11장의 주제는 죽은 자를 살리신 기적이 아니라 믿음이다. 예수님께서 마르다에게 "나는 부활이요 생명이니 나를 믿는 자는 죽어도 살겠고 무릇 살아서 나를 믿는 자는 영원히 죽지 아니하리니 이것을 네가 믿느냐"(요 11:25-26)라고 하셨고, 이에 대하여 마르다는 "주여 그러하외다 주는 그리스도시요 세상에 오시는 하나님의 아들이신 줄 내가 믿나이다"(요 11:27)라고 응답하였다. 믿음의 질문에 대한 믿음의 대답이었다.

그리고 나사로의 무덤 앞에 가신 예수님은 "이 말씀 하옵는 것은 둘러선 무리를 위함이니 곧 아버지께서 나를 보내신 것을 그들로 믿게 하려 함이니이다"(요 11:42)라고 하셨다. 그 결과 "예수께서 하신 일을 본 많은 유대인이 그를 믿었"(요 11:45)다고 한다.

셋째 단계는 '사랑의 단계'이다. 공생애 말기에 예수님은 사랑에 대하여 많은 말씀을 하셨다. "예수께서 자기가 세상을 떠나 아버지께로 돌아가실 때가 이른 줄 아시고 세상에 있는 자기 사람들을 사랑하시되 끝까지 사랑하시니라"(요 13:1). 그리고 "새 계명을 너희에게 주노니 서로 사랑하라 내가 너희를 사랑한 것같이 너희도 서로 사랑하라"(요 13:34)라고 하시며 새 계명을 사랑이라고 하셨다.

"내 계명은 곧 내가 너희를 사랑한 것같이 너희도 서로 사랑하라 하는 이것이니라"(요 15:12)라고 하셔서 사랑이 예수님의 계명이라고 하셨다. 부활 후에 베드로에게도 "네가 나를 사랑하느냐?"(요 21:15-17)라고 세 번이나 물으시면서 승천 후에 베드로의 소명에 대한 다짐을 하셨다. 사랑이 양을 먹이는 조건이라는 것이었다.

예수님의 공생애 단계는 그리스도인의 신앙 단계로도 해석되기도 한다. 누구나 그리스도를 믿게 될 때에 처음부터 믿음을 가지고 믿는 것이 아니라 초청의 단계가 있다. 처음에는 초청에 응하여 와서 보는 단계인 것이다. 초청에 응하여 와서 보면 서서히 성경을 알게 되고 믿음이 생긴다. 믿음이 성장되면 하나님의 사랑을 알고 사랑하게 된다. 사랑은 예수님 공생애의 결론이었고, 그리스도인 신앙의 최고 단계라고 할 수 있다.

참 그리스도인이라면 믿음의 단계를 넘어 사랑의 단계에 이르러야 한다. 믿음과 소망과 사랑 가운데 사랑이 제일이라는 것도 사랑이 믿음의 열매이기 때문이다.

'오직 믿음'이란 명제의 역사적 배경은 하박국으로 거슬러 올라간다. 선지자인 하박국은 회의의 선지자였다. 그는 하나님께 "왜 악한 자가 강성하고 의로운 자가 고통을 당합니까?", "의로운 자가 악인에게 고통을 당하는데 왜 잠잠하십니까?"라는 호소를 하였다. 이런 그의 호소에 대하여 하나님은 "보라 그의 마음은 교만하며 그 속에서 정직하지 못하나 의인은 그의 믿음으로 말미암아 살리라"(합 2:4)라고 응답하셨다. 하박국에 대한 하나님의 해답은 '믿음'이었다. 믿음은 이런 부조리하고 불합리한 세계의 정의를 납득할 수 있는 해답이라는 것이다.

 하박국은 믿음에서 자신의 회의와 불평에 대한 해답을 얻었고, 이는 바울에게 전수되어 "복음에는 하나님의 의가 나타나서 믿음으로 믿음에 이르게 하나니 기록된 바 오직 의인은 믿음으로 말미암아 살리라 함과 같으니라"(롬 1:17)라는 대명제를 확립하였고, '이신칭의'(以信稱義)라는 교리를 세웠다.

 루터가 '의인은 믿음으로 말미암아 살리라'는 진리를 깨달은 다음 "이 사실을 깨달았을 때 나는 완전히 새로 태어난 것 같았다. 천국의 문이 활짝 열렸고, 나는 그 문으로 들어갔다. 바로 그 때부터 성경이 완전히 새롭게 느껴졌다"고 하였다. 바울의 '이신칭의' 교리는 루터에게 전수되어 종교 개혁의 중요한 신학적 명제일 뿐 아니라 개혁 교회의 중심 교리가 되었다.

1.
믿음은 믿음에 이르게 한다

―

로마서 1장 17절 상반절에는 "복음에는 하나님의 의가 나타나서 믿음으로 믿음에 이르게 하나니"라고 한다. "믿음으로 믿음에"라는 표현은 믿음의 성장을 뜻한다. 예수님도 "믿음이 작다", "믿음이 크다"라고 하셨는데 믿음은 작은 믿음도 있고, 큰 믿음도 있다. 작은 믿음이 큰 믿음으로 성장하는 것을 말한다.

믿음은 성장하는 속성을 가지고 있다. 마태복음 17장 20절에는 "만일 너희에게 믿음이 겨자씨 한 알만큼만 있어도 이 산을 명하여 여기서 저기로 옮겨지라 하면 옮겨질 것이요 또 너희가 못할 것이 없으리라"라고 한다. 겨자씨만 한 작은 믿음만 있어도 산을 옮기는 큰 믿음이 될 수 있음을 말씀하신다.

성경에는 '믿음이 없다'는 표현을 여러 번 쓰고 있으며, 예수님도

'믿음이 없음'을 경고하셨다. 예수님께서 변화산에서 내려오셨을 때에 한 귀신 들린 아이를 고치지 못한 제자들에게 "믿음이 없는 세대여 내가 얼마나 너희와 함께 있으며 얼마나 너희에게 참으리요 그를 내게로 데려오라"(막 9:19)고 하셨다. 귀신 들린 아이의 아버지는 예수님께 아들을 고쳐달라고 하였고 예수님은 "믿는 자에게는 능히 하지 못할 일이 없느니라"(막 9:23)고 하셨다. 이에 아이의 아버지는 "내가 믿나이다 나의 믿음 없는 것을 도와주소서"(막 9:24)라고 하여 자신의 믿음 없음을 고백하였다.

예수님께서 부활하신 후 제자들과 함께 음식을 먹을 때에 다시 살아나신 것을 믿지 못하는 제자들에게 "믿음 없는 것과 마음이 완악한 것을" 꾸짖으셨다(막 16:14). 예수님께서 부활하신 후 제자들에게 나타나셨을 때 도마는 자리에 없었다. 도마는 부활하신 예수님 손의 못 자국을 보며 손가락을 그 못 자국에 넣으며 손을 그 옆구리에 넣어 보지 않고는 믿지 아니하겠다고 하였다.

여드레 후에 예수님은 다시 제자들에게 오셨고 믿지 못하겠다고 버티던 도마에게 "네 손가락을 이리 내밀어 내 손을 보고 네 손을 내밀어 내 옆구리에 넣어 보라 그리하여 믿음 없는 자가 되지 말고 믿는 자가 되라"(요 20:27)라고 하셨다. 믿음이 없다는 말은 작은 믿음조차도 없다는 뜻이다. 믿음이 없는 상태에서 작은 믿음을 가지게 되며 작은 믿음이 큰 믿음으로 성장하는 것이다.

작은 믿음과 큰 믿음의 차이는 분명히 존재한다. 예수님도 작은 믿음을 책망하시고, 큰 믿음을 칭찬하셨다. 예수님은 염려거리도 아닌 것을 가지고 염려하는 자들에게 "믿음이 작은 자들아"(마 6:30)라고 하시며 책망하셨다. 그리고 "무엇을 먹을까 무엇을 마실까 무엇을 입을까 하지 말라"(마 6:31)라고 하셨다. 이에 대한 예수님의 대안은 "너희는 먼저 그의 나라와 그의 의를 구하라 그리하면 이 모든 것을 너희에게 더하시리라"(마 6:33)라고 하셨다. 큰 믿음을 제시하신 것이다. 작은 믿음은 '의식주'를 염려하지만 큰 믿음은 그의 나라와 그의 의를 구하므로 '의식주'를 해결 받게 되는 것이다.

예수님께서 갈릴리 바다에서 배를 타고 건너시다 피곤하여 배에서 주무실 때에 큰 풍랑이 일어나 제자들은 죽게 되었다고 무서워하며 예수님을 깨웠다. 그때 예수님은 "어찌하여 무서워하느냐 믿음이 작은 자들아"(마 8:26)라고 하셨다. 예수님께서 변화산에서 내려오셨을 때 산 아래에 남아 있던 아홉 제자가 한 아이를 고치지 못해 쩔쩔 매고 있었고 그 아버지는 아이를 고쳐달라고 예수님께 부탁하였다. 아이를 고쳐주신 다음 제자들이 왜 자기들은 고치지 못했느냐고 물었을 때에 예수님께서는 "너희 믿음이 작은 까닭이니"(마 17:20)라고 하셨다.

보리떡 다섯 개와 물고기 두 마리로 오천 명을 먹이신 다음 예수님은 제자들에게 먼저 갈릴리 건너편으로 가라고 하셨다. 제자들은 밤이 늦도록 노를 저었지만 바람에 밀려 나아가지 못하고 방황하고 있을 때 예수님께서 물 위를 걸어오셨다. 베드로는 예수님께 물 위를 걸어갈 수 있도록 해 달라고 요청하였고 예수님은 오라고 하셨다. 물 위로 걸어가던 베드로가 바람을 보고 무서워하여 물에 빠졌을 때 예수님은 "믿음이 작은 자여 왜 의심하였느냐"(마 14:31)라고 하셨다.

예수님께서 바리새인과 사두개인의 교훈을 삼가라고 경계하실 때 떡 가져가기를 잊은 제자들에게 "믿음이 작은 자들아 어찌 떡이 없으므로 서로 논의하느냐"(마 16:8)라고 하셨다.

예수님은 작은 믿음을 책망하셨다. 작은 믿음은 믿음으로 구하지만 의심한다. 야고보는 "오직 믿음으로 구하고 조금도 의심하지 말라 의심하는 자는 마치 바람에 밀려 요동하는 바다 물결 같으니"(약 1:6)라고 하였다. 믿음을 가지되 작은 믿음에 머물지 말고 큰 믿음으로 성장하라고 하셨고, 야고보도 구하고도 의심하는 작은 믿음이 아니라 큰 믿음을 가지라고 하였다. 믿으면서도 작은 믿음에 머물러 있는 것은 안타까운 일이다. 작은 믿음에 머물러 있는 것은 믿지 못하는 것보다 더 어리석은 일이다.

예수님은 큰 믿음을 칭찬하시고, 요구하셨다. 예수님께서 온갖 병자들을 고쳐주신다는 소문을 들은 한 백부장은 예수님께서 가버나움으로 들어오신다는 말을 듣고 중풍으로 누워 있는 자신의 하인을 고쳐달라고 하였다. 백부장은 당시 로마의 장수로서 로마의 군인들은 유대 백성들에게 포악하고 수탈을 일삼았다. 그 하인의 신분에 대한 자세한 언급은 없지만 유대인일 가능성이 높다.

그런데 백부장은 예수님께 자신의 하인을 고쳐달라고 요청하였다. 백부장과 친분이 있던 장로들은 이 백부장은 유대 민족을 사랑하고 유대인들을 위하여 회당을 지었다고 하였다. 예수님께서는 백부장의 집에 가서서 그 하인을 고쳐주시려고 하였는데 그는 자신의 집에 오심을 감당하지 못하겠다고 하였고 말씀만 하셔서 하인을 낫게 해 달라고 하였다.

이 때 예수님께서는 "내가 너희에게 이르노니 이스라엘 중에서도 이만한 믿음은 만나보지 못하였노라"(눅 7:9)라고 하셨다. 백부장이 보낸 사람들이 집에 돌아와 보니 종은 이미 나아 있었다. 백부장은 말씀을 온전히 의지하는 큰 믿음을 가지고 있었고, 예수님은 그의 믿음을 칭찬하셨다.

예수님께서 두로 지방에 가셨을 때 한 수로보니게 족속 여자가 예수님의 소문을 듣고 그 집에 들어와 예수님의 발아래에 엎드렸다. 그 여인은 딸에게 들린 귀신을 쫓아내 달라고 예수님께 간구하였다. 예수님은 여인에게 자녀의 떡을 개들에게 주는 것이 마땅치 않다고 하셨다. 그러나 여인은 상 아래의 개들도 아이들이 먹던 부스러기를 먹는다고 하였고, 예수님은 "여자여 네 믿음이 크도다 네 소원대로 되리라"(마 15:28)라고 선포하셨다.

이 여인은 예수님의 말씀을 의심 없이 받아들였고 예수님이 선포하신 그때로부터 여인의 딸이 나았다. 예수님께서 큰 믿음이라고 칭찬하신 사람들은 이방인이었다. 이방인이 믿음을 가진다면 유대인의 믿음보다 더 커 보일 것이고, 관습적인 믿음이 아닌 실제적인 믿음으로 성장하게 될 것이다.

바울은 에베소에 보낸 편지 가운데서 큰 믿음, 장성한 믿음을 가지는 비결을 일러준다. "우리가 다 하나님의 아들을 믿는 것과 아는 일에 하나가 되어 온전한 사람을 이루어 그리스도의 장성한 분량이 충만한 데까지 이르리니"(엡 4:13)라고 한다. 믿는 것과 아는 일 즉 믿음이 지식과 하나가 될 때 온전한 사람이 되고, 그리스도의 장성한 분량이 충만한 큰 믿음이 되는 것이다. 지식적 신앙, 신앙적 지식이 온전한 지식이며, 장성한 신앙이다.

믿음에 이르게 하는 것은 하나님의 의이다. '의'의 헬라어는 '디카이오쉬네'로서 하나님의 성품, 옳고 온전한 것, 죄 없는 상태를 의미한다. 예수 그리스도의 이야기인 복음에는 하나님의 의가 나타나고, 하나님의 의는 믿음으로 의롭다 함을 얻게 하는 것이다. 하나님의 의를 인간에게 인정하는 것이다. 인간이 의로 인정받아 '의인'(義認) 하면 '의인'(義人)이 되게 하는 것이다. 복음의 목적은 인간 구원이다. 하나님의 의의 목적은 인간 구원이다. 이 구원은 믿음으로 말미암아 얻게 되는 것이다.

로마서 5장 1절에는 "그러므로 우리가 믿음으로 의롭다 하심을 받았으니 우리 주 예수 그리스도로 말미암아 하나님과 화평을 누리자"라고 한다. 예수를 그리스도로 믿음은 죄인을 의롭게 한다. 복음을 믿음은 구원을 얻는 믿음에 이르게 하는 것이다. 이것은 우리의 구원이 의화, 성화, 영화로 정의할 수 있는 것과 비견할 수 있을 것이다. 의화는 순간적 변화를 통하여 가능하지만 이것이 끝이 아니다. 구원이란 성화의 단계를 거쳐 영화에 이르러 비로소 영원한 구원이 되는 것이다.

믿음의 신앙 고백은 두 가지 중요한 점을 가지고 있다.

첫째는 신앙 고백의 주체이다. 신앙 고백의 주체는 자신이다. 신앙 고백은 자신 외에 어떤 고백도 내게 무관한 것이다. 그래서 신앙 고백은 항상 "내가"라는 주어가 제일 먼저 나온다. 오랫동안 한국 교회는 "전능하사 천지를 만드신 하나님 아버지를 내가 믿사오며"라고 신앙 고백을 하였다. 그러나 주체의 명확성을 표현하기 위하여 "나는 전능하신 아버지 하나님, 천지의 창조주를 믿습니다"라고 새롭게 번역하였다.

예수님께서 세 제자를 데리시고 변화산에 올라가셨을 때에 아홉 제자가 산 아래에서 한 간질병 아이를 고치지 못해 쩔쩔 매고 있었다. 예수님께서 산 아래로 내려오셨을 때에 그 아이의 아버지는 예수님께 "무엇을 하실 수 있거든 우리를 불쌍히 여기사 도와주옵소서"(막 9:22)라고 하였다. 예수님은 "할 수 있거든이 무슨 말이냐 믿는 자에게는 능히 하지 못할 일이 없느니라"(막 9:23)고 하셨다. 이때 그 아이의 아버지는 "내가 믿나이다 나의 믿음 없는 것을 도와주소서"(막 9:24)라고 하였다.

그 아이의 아버지는 아들을 고쳐달라고 예수님께 왔다가 예수님을 만나고 자기를 도와달라고 하였다. 예수님을 만나고 나서 가장 절실하게 고침 받기를 원하는 대상은 누구나 자기 자신이라는 것이다. 그리고 그 아버지는 "내가 믿나이다"라고 하므로 예수님께 대한 자신의 신앙을 고백한 것이다. 이런 신앙 고백이 자신과 아들을 고치는 능력이 되었다.

둘째는 신앙 고백은 언제나 현재적이라는 것이다. "내가 믿나이다"의 라틴어 '크레도'(Credo)는 일인칭 현재형이다. 신앙 고백은 과거나 미래가 아니다. "내가 믿었습니다"나 "내가 믿을 것입니다"가 아니라 언제나 "내가 믿습니다"라는 현재적 고백이 신앙 고백이다. 현재적 신앙 외에 과거적이거나 미래적 신앙은 참 신앙이 아니다.

로마서 10장 17절에는 "그러므로 믿음은 들음에서 나며 들음은 그리스도의 말씀으로 말미암았느니라"고 한다. 바울은 이 말씀에서 믿음의 단계를 설명한다. 믿음은 말씀을 들음에서 시작된다. 말씀을 들을 때에 말씀의 뜻을 다 알고 듣는 것은 아니다. 그러나 말씀을 열심히 그리고 꾸준히 들으면 믿음이 자라게 되는 것이다.

듣는 것은 인간의 오감인 시각, 청각, 후각, 미각, 촉각 가운데 가장 기초적인 단계이다. 아기들이 세상에 태어날 때 가장 잘 발달한 상태의 감각이 청각이라고 한다. 그래서 아기들은 조금만 큰 소리가 나도 깜짝 놀란다. 그리고 시각은 늦게 발달한다. 욥이 "내가 주께 대하여 귀로 듣기만 하였사오나 이제는 눈으로 주를 뵈옵나이다"(욥 42:5)라고 한 것은 낮은 믿음의 상태에서 고난을 통과한 후에 높은 믿음의 상태가 되었다는 뜻이다.

히브리서 4장 2절에서는 "그들과 같이 우리도 복음 전함을 받은 자이나 들은 바 그 말씀이 그들에게 유익하지 못한 것은 듣는 자가 믿음과 결부시키지 아니함이라"고 한다. 믿음은 들음에서 나지만 듣고도 말씀을 믿지 못하면 유익이 되지 않고 도리어 해가 된다.

스데반의 고별 설교는 그리스도의 사건을 이스라엘의 역사로 설명한다. 이스라엘의 역사적 배경에서 예수님이 메시아로 오셨는데 백성들은 예수님을 십자가에 못 박아 죽인 것이다. 스데반의 말을 듣고 백성들은 마음에 찔려 스데반을 향하여 이를 갈며(행 7:54), 큰 소리를 지르며 귀를 막고 일제히 스데반에게 달려들어(행 7:57), 성 밖으로 내치고 돌로 쳤다(행 7:58). 마음에 찔리면 회개할 일이지 귀를 막을 일이 아니다. 그들은 양심의 가책을 느끼자 귀를 막고 양심을 거부하였다. 말씀을 들으려 하지 않고 회개하지 않은 것은 성령의 감동이 없기 때문이었다. 회개하게 하는 영인 성령의 도우심 없이는 믿음의 말씀을 들을 수도 없고, 양심의 소리가 있어도 회개할 수 없다.

영어에서 '듣다'라는 단어 가운데 'hear'와 'listen'은 혼돈하여 사용하기도 하지만 일반적으로 의미에 약간의 차이가 있다. 'hear'는 듣기는 하지만 강한 의지 없이 소리가 귀에 들려지는 것을 의미한다. 반면에 'listen'이란 귀에 들려지고 스쳐 지나가는 것이 아니라 의지를 가지고 유심히 듣는 것을 의미한다. 하나님의 말씀도 흘려 지나가는 말씀으로 들을 수도 있지만 이런 들음은 전혀 믿음에 도움이 되지 않는다. 의지를 가지고 유심히 들을 때에 그 말씀이 믿음을 자라게 하는 것이다.

작은 믿음이 큰 믿음으로 성장한다는 것은 믿음이 삶이 된다는 의미이다. 머리로 이해하고, 성경을 아는 것이 아니라 알고 있는 말씀이 생활화되는 것을 의미한다. 바울은 로마서에서 믿음을 강조한다. 반면에 야고보는 야고보서에서 행위를 강조한다. 바울은 '오직 믿음'이라고 말하지만 야고보는 '행함이 없는 믿음은 죽은 것'이라고 한다. 믿음으로 말미암아 구원을 얻는 도리를 강조했던 루터는 야고보서를 '지푸라기 복음'이라고 하기도 하였다.

로마서와 야고보서는 서로 상반된 논리를 말하는 것 같지만 사실은 그렇지 않다. 로마서는 하나님을 알지 못하는 이방인에게 보낸 서신이므로 믿음을 강조하였고, 야고보서는 이미 하나님을 알고 믿음이 있는 유대인에게 보낸 서신이므로 행위를 강조한 것이다.

흔히 구약은 율법과 행위로, 신약은 은혜와 믿음으로 구원을 받는다고 말한다. 넓은 의미에서 틀린 말은 아니지만 성경 전체에 흐르고 있는 구원의 조건은 믿음이다. "아브람이 여호와를 믿으니 여호와께서 이를 그의 의로 여기시고"(창 15:6)라고 하여 아브라함도 믿음으로 의롭게 되었음을 가르친다.

바울은 로마서 3장 28절에서 "그러므로 사람이 의롭다 하심을 얻는 것은 율법의 행위에 있지 않고 믿음으로 되는 줄 우리가 인정하노라"라고 한다. 의롭게 되는 구원은 행위가 아니라 믿음으로 가능하다고 말하는 것이다. 반면에 야고보서 2장 26절에는 "영혼 없는 몸이 죽은 것같이 행함이 없는 믿음은 죽은 것이니라"라고 한다. 야고보는 바울이 믿음으로 말미암는 구원에 대하여 반대하는 듯이 보인다.

또한 로마서 4장 2절에는 "만일 아브라함이 행위로써 의롭다 하심을 받았으면 자랑할 것이 있으려니와 하나님 앞에서는 없느니라"라고 하여 아브라함을 예로 들어 행위로 의롭게 되는 것이 아니라는 것을 말한다. 이에 대하여 야고보서 2장 21절에는 "우리 조상 아브라함이 그 아들 이삭을 제단에 바칠 때에 행함으로 의롭다 하심을 받은 것이 아니냐"라고 하여 아브라함의 행위가 의롭게 되는 조건이었음을 말한다. 믿음은 행위를 요구한다. 야고보가 말하는 행위란 믿음과 상반된 구원의 방법이 아니라 구원의 결과적 표현을 말한다. '오직 믿음'은 '오직 행함'으로 승화되어야 한다. 믿음은 행위로 나타나며, 행위는 믿음을 표현하는 것이다.

종교 개혁자들의 신학적 관점이나 강조점도 조금씩 다르다. 루터는 로마서의 말씀대로 믿음을 강조한 반면, 칼뱅은 제네바 교인들의 삶에 엄격한 규범을 강조하였다. 개혁 1세대인 루터는 기본인 믿음을 강조한 반면, 개혁 2세대라고 할 수 있는 칼뱅은 믿음의 생활을 강조하였다. 그런 의미에서 어디까지나 개인적 생각이지만 로마서는 루터의 텍스트였고, 야고보서는 칼뱅의 텍스트였다.

'신앙생활'이란 말을 흔히 한다. 그러나 신앙생활이 아니라 생활신앙이 되어야 한다고도 한다. 다시 말하면 신앙생활은 생활 신앙이어야 한다는 것이다. 신앙이 생활이 되지 못하면 아무 소용이 없다. 세상이 교회를 비난하고 교인들을 폄하하는 까닭은 예수님이나 성경의 잘못이 아니라 그리스도인의 잘못이다. 그리스도인의 삶이 말씀의 육화(肉化)를 이루지 못한 까닭이다. 그리스도인이 아니지만 매일 아침 산상보훈을 읽었다는 간디도 "나는 그리스도는 존경하나 그리스도인은 경멸한다"라고 하였다. 그리스도인의 삶이 그리스도의 말씀을 따르지 못하기 때문이다.

02_ 오직 믿음(Sola fide)

미국의 경우 북부보다 남부가 보수적 성향을 가지고 있다. 1861년부터 1865년까지 미국은 '남북 전쟁'(American Civil War)이라는 비극적 내전을 겪게 되었다. 4년에 걸친 치열한 전쟁의 결과 북부가 승리하였다. 남부는 전쟁에 패하여 다시 미연방으로 복귀하는 데 10여 년이 걸렸다. 남북 전쟁은 주정부와 연방의 정치적 갈등이 주원인이었지만 노예 제도도 중요한 원인이었다. 노예 제도를 고수하려는 남부와 이를 반대하는 북부가 충돌을 빚은 것이다.

이런 미국의 전통은 지금도 부분적으로 남아 있다. 일반적으로 남부의 교회들은 보수적이며, 북부의 교회들은 진보적인 성향을 여전히 띠고 있다. 그래서 미국에서는 남부 지역의 근본주의적인 신앙으로 탄탄한 신앙적 바탕을 가지고 있는 지역을 '바이블 벨트'(Bible Belt)라고 하는데 이 지역의 근본주의자들이 가장 하나님을 노하게 하고 윤리성에 문제가 있다고 언론계나 출판계가 지적한다.

이런 경향은 우리나라도 예외가 아니라고 본다. 신앙이 두텁다고 하는 근본주의자들 내지 보수주의자들이 비윤리적인 행위로 말미암아 세간의 입에 오르내릴 때가 많이 있다. 나도 최근에는 아니지만 교회를 시무할 당시에는 필요를 요청하는 많은 전화를 받았다. 전화를 받자마자 쉰 소리로 "할렐루야"로 시작할 때마다 일단은 경계하게 된다. 왜냐하면 '할렐루야'를 말하며, '주여'를 외치는 많은 경우에 진실이 결여된 것을 경험적으로 습득한 까닭이다. 믿음이 좋다고 하는 사람들, 자신의 믿음을 과시하는 사람들에게서 받은 반복적인 실망과 상처가 불신을 낳게 한 것이다.

예수님께서도 "나더러 주여 주여 하는 자마다 다 천국에 들어갈 것이 아니요 다만 하늘에 계신 내 아버지의 뜻대로 행하는 자라야 들어가리라"(마 7:21)라고 하셨다. 심지어 "주여 주여 우리가 주의 이름으로 선지자 노릇 하며 주의 이름으로 귀신을 쫓아 내며 주의 이름으로 많은 권능을 행하지 아니하였나이까"(마 7:22)라고 하는 자들에게 "내가 너희를 도무지 알지 못하니 불법을 행하는 자들아 내게서 떠나가라"(마 7:23)라고 하신다고 하셨다. 신앙은 말에 있지 않고 삶에 있는 것이다. 프랑스의 철학자 마리우스 블롱델은 "어떤 사람이 믿는 바가 무엇인지 이해하고 싶으면 그의 말에 귀 기울이지 말고 그의 행동을 눈여겨보라"라고 하였다.

　예수님 당시에도 바리새인, 서기관 등 유대주의자들은 화려한 말을 구사하였다. 그러나 그들의 삶은 하나님의 마음에서 멀었다. 이런 그들의 삶을 예수님은 '회 칠한 무덤'이라고 책망하셨다. 서기관과 바리새인의 외식과 불법을 가지고는 절대로 신앙적 삶을 살 수 없다. 서기관들과 바리새인들은 가장 성경을 익히 알고 신앙적 삶을 살고 있다고 자부하던 자들이었다. 오늘날도 서기관과 바리새인과 같이 가장 성경적인 그리스도인이 외식과 불법을 가지고는 칭찬에서 멀어질 수밖에 없고 세상에는 비난 대상이 되는 것이다.

　히브리서 11장은 믿음장이란 별칭을 가진 장이다. 1절에서는 믿음을 이렇게 정의한다. "믿음은 바라는 것들의 실상이요 보지 못하는 것들의 증거니." 믿음은 아직 이루어지지 않은 바라는 것이 이미 실재가 된 것이며, 보지 못하는 것들이 보이는 것으로 증명된 실체이다. 믿음이란 보이지 않는 것을 보는 것이다. 실제로 우리는 보이지 않는 것을 보는 것처럼 믿고 사는 것들이 많이 있다. 사랑은 보이지 않지만 사랑하는 것을 믿고, 인간의 영혼이나 영의 세계는 보이지 않지만 존재하는 것을 믿고, 육안으로 볼 수 없는 까마득한 우주의 별들을 믿고 있다. 만일 어떤 존재를 육안으로 보이지 않는다고 하여 믿지 못한다면 믿을 수 있는 것들이 극히 제한될 것이다.

2.
의인은 오직 믿음으로 산다

로마서 1장 17절 하반절에는 "기록된 바 오직 의인은 믿음으로 말미암아 살리라 함과 같으니라"라고 한다. 성경이 가르치는 바는 하나님의 사람은 믿음으로 살라는 것이다. 그리고 믿음으로 영생하리라는 것이다. 믿음으로 사는 자가 구원을 얻고, 구원을 얻는 자는 믿음으로 살리라는 것이다.

요한복음 5장 24절에는 "내가 진실로 진실로 너희에게 이르노니 내 말을 듣고 또 나 보내신 이를 믿는 자는 영생을 얻었고 심판에 이르지 아니하나니 사망에서 생명으로 옮겼느니라"라고 한다. 이 말씀에 의하면 영생을 얻는 방법은 두 가지이다. 첫째는 예수님의 말씀을 듣는 것이며, 둘째는 예수님을 보내신 성부 하나님을 믿는 것이다. 그리고 영생을 얻은 결과는 심판에 이르지 않고 사망에서 생명으로 옮겨진 것이다.

여기에서 심판이란 단순히 재판을 받는 것이 아니라 정죄하는 것 즉 죄를 정하는 것이다. 그러므로 심판은 사망이며 믿음의 결과는 영생이다. 요한복음 6장 47절에는 "진실로 진실로 너희에게 이르노니 믿는 자는 영생을 가졌나니"라고 한다. 믿는 자는 영생을 이미 가지고 있다. 믿는 순간 영생을 소유하게 된다. 믿는 자는 영생을 미래에 가질 것이 아니라 현재에 이미 가지고 있다. 믿음이 현재형이듯이 영생도 현재형이다. 우리가 미래에 세상을 떠나 영원한 생명으로 살지만 영생은 이미 현재적 사건이라는 것이다.

유교는 윤리적 종교라고 한다. 그러나 엄밀히 말하면 유교는 구원관이나 내세관이 없다. 그래서 유교는 종교가 아니라 윤리라고도 한다. 유교는 삼강오륜(三綱五倫)이란 것이 있어서 인간의 관계성에서 행함을 강조한다. 불교는 '행'(行, kharma)을 중시한다. 현세에서의 복과 화는 전생의 '행'의 보과라고 하며, 현생에서의 선행은 후생의 복의 원인이 된다고 가르친다.

현세의 중생이 생의 고통을 벗어버리는 해탈의 길은 깨달음(覺)에 있다고 한다. '내가 도를 깨우쳐 부처가 되는 것'(悟道成佛)이 불교의 도리이다. 자신이 깨달음을 통하여 부처가 되며, 그 깨달음은 수행(修行)에 있다고 한다. 부처는 한 인간으로 깨달음을 통하여 해탈하여 열반에 들어간 자이다. 즉 부처는 각자(覺者)이다.

일반 사회에는 가끔 불자(佛者)가 엄청난 액수를 시주하는 것을 본다. 서울 성북동에 경관이 빼어나고, 시내를 끼고 있는 한옥으로 지은 한식당이 있었다. 외국에서 온 손님들을 대접하기에 딱 알맞은 식당이었는데 어느 날 그 식당이 사찰로 변하였다. 불자였던 여주인이 그 당시에 인기가 많았던 승려에게 기증하여 사찰이 된 것이다. 불자들이 이렇게 통 큰 시주를 하는 것은 자신을 위한 것이다. 자신이 공덕을 쌓아 다음 생에 좋은 사람으로 태어나기를 바라는 공양인 것이다. 그런 의미에서 그리스도인이 하나님께 드리는 봉헌과는 전혀 차원이 다르다. 그리스도인의 봉헌은 대상이 하나님이며, 내용은 감사이지만 불교의 시주는 대상이 자신이며, 내용은 지불(支拂)이다.

의인은 믿음으로 산다. 믿음으로 산다는 것은 자유이다. 믿음으로 산다는 것은 평안이다. 믿음으로 살면 아무 염려가 없이 자유로우며 평안한 것이다. 실제로 믿는다는 것은 믿지 않는 것보다 훨씬 더 간단한 일이다. 세상에서 믿지 못하고 모든 것을 의심하면서 살 수는 없는 것이다.

믿음의 제일 첫 단계는 하나님의 존재일 것이다. 하나님이 존재하며 세상의 창조자이며, 나의 주님이 된다는 사실을 믿는 것이 가장 힘든 일이다. 신학에서는 하나님의 존재를 증명하는 '유신논증'이란 한 주제가 있다. 유신논증을 논리적으로 체계화한 학문을 '변증학'이라고 한다. 코르넬리우스 반틸(Cornelius Van Til)은 그의 책 《변증학》(Apologetics)에서 유신논증을 전개한다. 그는 하나님이 존재한다는 것을 증명하는 것이 하나님이 존재하지 않는다는 것을 증명하는 것보다 훨씬 쉽고, 존재하지 않는 것을 증명하는 것은 사실상 불가능하다고 한다.

무인도에 새가 살았다는 것을 증명하려면 새 발자국 하나만 발견하면 되지만 살지 않았다는 것을 증명하려면 섬 전체를 샅샅이 뒤져야 한다는 것이다. 그런 의미에서 하나님이 존재한다는 것을 증명하려면 흔적 하나만 발견하면 되지만 존재하지 않았다는 것을 증명하려면 온 우주를 다 뒤져야 하는데 이것은 불가능한 일이다. 그러므로 하나님이 계시다고 하는 유신논증이 무신논증보다 쉽다는 것이다. 인간에게는 유신론이 무신론보다, 신앙이 무신앙보다 훨씬 쉽고 편한 것이다.

로마서 1장 19-20절에서는 "이는 하나님을 알 만한 것이 그들 속에 보임이라 하나님께서 이를 그들에게 보이셨느니라 창세로부터 그의 보이지 아니하는 것들 곧 그의 영원하신 능력과 신성이 그가 만드신 만물에 분명히 보여 알려졌나니 그러므로 그들이 핑계하지 못할지니라"라고 한다. 하나님은 창조하신 자연을 통해 하나님을 알 만한 것을 이미 주셨다고 한다.

이 구절은 20세기의 스위스 출신의 두 신학자 칼 바르트와 에밀 브루너(Emil Brunner)의 '계시 논쟁'에 쟁점을 제공한 말씀이다. '자연신학'으로 표현되는 두 신학자의 논쟁은 브루너가 위의 구절을 인용하여 자연이 하나님의 계시라고 주장한 반면, 바르트는 말씀만이 계시라고 주장하였다. 바르트는 계시로서의 말씀은 세 가지 형태를 가지고 있으며 기록된 말씀인 성경, 계시된 말씀인 그리스도 그리고 선포된 말씀인 설교라고 하였다. 하나님은 지금도 말씀을 통하여 하나님 자신을 계시하시고 믿게 하신다.

　미국 캘리포니아의 모하비 사막을 여행하던 한 사람이 마실 물이 떨어졌다. 뜨거운 태양이 내리쬐는 더운 날씨에 마실 물이 없다는 것은 큰 고통이었다. 그런데 그는 다행히 집 한 채를 발견하였다. 그 집은 사람이 살다가 떠난 흔적이 있는 집이었다. 그 집에는 녹슨 펌프가 하나 있었고 펌프 옆에는 물이 가득 든 페트병 하나가 놓여 있었다. 그 병 옆에는 이런 글이 쓰여져 있었다. "이 물을 펌프에 부으시고 물을 퍼서 마시고 떠나기 전에 다시 이 물병에 물을 꼭 채워 놓으시오." 이 사람은 '만약 한 병의 물을 다 넣고 물이 올라오지 않으면 어떻게 하나?', '혹시 물이 오래되어 마시지 못하는 물이면 어떻게 하나?' 망설이다가 물을 붓고 펌프질을 하기 시작하였다.

　처음에는 물이 조금씩 나오더니 잠시 후에는 물이 콸콸 나오기 시작하였다. 그는 물을 실컷 마시고 갈증을 해소하고 자신의 물병에 물을 채운 다음 떠나기 전에 물병 옆에 한 구절을 더 적었다. "이 말은 정말 사실입니다. 제가 보장합니다. 꼭 이 말대로 하십시오." 그는 병 옆에 써놓은 말을 믿고 사느냐, 안 믿고 죽느냐의 기로에 서 있었다. 그에게 그 말을 믿는 것은 곧 생명이었다. 우리가 말씀을 믿는 것은 곧 생명을 얻는 것이다. 말씀이 생명이기 때문이다.

　바울이 로마에서 율법과 선지자의 말을 가지고 예수님을 전할 때에 "그 말을 믿는 사람도 있고 믿지 아니하는 사람도 있어"(행

28:24) 나뉘었다. 복음을 들으면 구원을 얻지만 복음이 들리지 않는 사람들이 많이 있었다. 들어도 깨닫지 못하고, 보아도 믿지 못하는 자들이 있었다. 어느 시대나 마찬가지이지만 믿는 자와 믿지 않는 자는 나누어지는 법이다.

믿는 자와 믿지 않는 자의 구분은 예수님이 세상에 오시며 이미 시작된 것이다. 종말론(Eschatology)에서는 예수님이 오심으로 이미 구원 받은 자와 구원받지 못한 자, 믿는 자와 믿지 않는 자가 나뉜다고 설명한다. 종말론 가운데 가장 정설로 인정받는 '실현된 종말론'(Realized Eschatology)이 "그 때에 두 사람이 밭에 있으매 한 사람은 데려가고 한 사람은 버려둠을 당할 것이요 두 여자가 맷돌질을 하고 있으매 한 사람은 데려가고 한 사람은 버려둠을 당할 것이니라"(마 24:40-41)는 말씀을 성경적 근거로 이런 논리를 펴고 있다.

믿음이란 결코 믿을 수 없는 것을 믿는 것이 아니다. 믿는 것이 나의 의지가 아니라 하나님의 은혜이므로 믿을 수 있으며, 하나님을 아는 것이 믿음의 기본이므로 하나님의 말씀을 신뢰하는 것이 큰 믿음이다. 말씀을 신뢰하되 성경에 기록된 모든 말씀을 하나님의 말씀으로 받는 것이다. 어떤 이의 말과 같이 성경은 하나님이 우리에게 주신 애정으로 가득 찬 편지이다.

바울은 데살로니가 교회에 애정 어린 마음으로 편지하기를 "이러므로 우리가 하나님께 끊임없이 감사함은 너희가 우리에게 들은 바 하나님의 말씀을 받을 때에 사람의 말로 받지 아니하고 하나님의 말씀으로 받음이니 진실로 그러하도다 이 말씀이 또한 너희 믿는 자 가운데에서 역사하느니라"(살전 2:13)라고 한다. 데살로니가 사람들은 베뢰아 사람들보다 하나님의 말씀을 간절한 마음으로 받지 않으므로(행 17:11), 바울은 애써 데살로니가 교회에 말씀을 사람의 말로 받지 말고, 하나님의 말씀으로 받으라고 권했을 것이다.

그리고 하나님의 말씀을 믿으면 모든 삶을 믿음으로 살게 되는 것이다. 그래서 의인은 믿음으로 살게 되며, 의인은 믿음으로 사는 사람을 일컫는다. 성경 인물과 기독교 역사 인물 가운데 믿음으로 살지 않는 의인이란 있을 수 없다.

주후 325년에 회집된 니케아 종교 회의(First Council of Nicaea)는 기독교 역사상 가장 중요한 회의 가운데 하나였다. 로마 황제로서 첫 그리스도인이 된 콘스탄티누스 대제에 의해 소아시아의 니케아에서 소집되었던 이 회의는 그리스도의 두 본성인 신성과 인성을 인정하는 결의를 하였다. 그리스도의 신성을 반대하고 인성만을 인정하던 아리우스파를 이단으로 규정하고 그리스도의 신성과 인성을 인정한 아타나시우스의 신조를 받아들였다.

이 회의에는 교회의 대표로 318명의 주교들이 모였는데 이들 중 대부분이 신앙을 지키기 위하여 심한 고문을 받아 신체의 장애를 가진 자들이었다. 눈을 잃고, 손이 잘리고, 다리를 못 쓰게 되어 신체적 장애를 가진 사람들이 무려 306명이었다. 참석한 주교들 가운데 신체적으로 온전한 사람은 고작 12명밖에 없었다. 자신의 신체 일부를 잃으면서도 믿음을 굳건히 지킨 이들을 통하여 복음의 정통성은 더 굳건하게 전승되었던 것이다. 한 눈이 실족하게 하면 빼어버리고, 한 손이 실족하게 하면 찍어 내버리는 것이 온 몸이 지옥에 던져지는 것보다 유익하다(마 5:29-30)는 예수님의 말씀을 그대로 실천한 믿음의 사람들이었다.

실제적이며 경험적인 의미에서 믿음이란 무엇일까?
첫째, 믿음이란 '기다림'이다.
노아는 언제일지도 알지 못하는 하나님의 홍수 경고를 위하여 방주를 준비하였다. 수많은 비난과 야유 속에서도 하나님의 때를 기다림으로 그의 집을 구원하였다. 하나님의 경고의 말씀이 이루어질 것을 믿지 못하였다면 기다리지 못하였을 것이다. 말씀이 이루어질 것을 알고 끈기 있게 기다리는 것이 믿음이다.

둘째, 믿음이란 '순종'이다. 믿음은 믿음의 대상에 대한 순종이다. 순종이란 하나님의 전지와 전능을 믿음으로 그 말씀대로 따르는 것을 의미한다.

하나님께서 "너는 너의 고향과 친척과 아버지의 집을 떠나 내가 네게 보여 줄 땅으로 가라"(창 12:1)라고 하셨을 때에 "믿음으로 아브라함은 부르심을 받았을 때에 순종하여 장래의 유업으로 받을 땅에 나아갈새 갈 바를 알지 못하고 나아갔다"(히 11:8). 또한 아브라함은 하나님께서 "네 아들 네 사랑하는 독자 이삭을 데리고 모리아 땅으로 가서 내가 네게 일러 준 한 산 거기서 그를 번제로 드리라"(창 22:2)라고 하셨을 때에 백 세에 낳은 아들을 드리려고 그를 데리고 모리아까지 가서 그를 묶어 제단에 올렸다. 칼을 들어 이삭을 잡으려 할 때에 하나님께서 그가 하나님을 경외하는 줄을 아시고 말리셨다. 아브라함은 아들 이삭을 하나님께 바친 것이나 다름이 없었다.

아브라함은 하나님께 순종하기 위하여 아들 이삭을 바치라는 하나님의 말씀을 사라와 의논하지 않았다. 만약 사라와 의논했으면 이삭을 바치는 것은 힘이 들었을 것이다. 아버지는 바쳐도 어머니는 바칠 수 없었을 것이다. 더구나 아브라함은 하나님의 말씀을 직접 들었지만 사라는 듣지 못하였으므로 아브라함이 이삭을 바치는 것을 말렸을 것이다.

그리고 모리아에 갔을 때 아브라함은 종들은 산 아래에서 기다리게 하고 이삭과 둘이서 산에 올라갔다. 만일 젊은 종들이 함께 갔다면 종들은 늙은 아브라함이 착각하여 이삭을 바치려고 한다고 말렸을 것이다. 젊은 종들이 말리면 늙은 아브라함은 실천하기가 어려웠을 것이다. 아브라함은 하나님의 말씀에 순종하는 것에 장애가 되는 것은 미리 제거한 것이다. 키르케고르가 말한 대로 아브라함이 믿음의 조상이 될 수 있었던 가장 극적인 계기가 이삭을 바치려는 그의 순종에 나타난다.

셋째, 믿음이란 맡기는 것이다.

맡기는 것은 가장 신뢰할 만한 사람에게 가장 귀한 것을 의탁하는 것이다. 가장 귀한 것을 맡길 수 있다면 덜 귀한 것들은 얼마든지 맡길 것이다. 성경의 믿음의 사람들은 자신의 가장 귀한 것을 맡겼다. 생명을 맡겼고, 미래를 맡겼고, 길을 맡겼다.

구약의 인물 가운데 가장 예수님을 닮았다는 요셉은 이 모든 것을 다 맡겼다. 심지어 형들에게 팔려 종살이, 옥살이로 모진 고난을 겪었지만 곡식을 구하러 온 형들에게 자신을 드러내며 "나를 이리로 보낸 이는 당신들이 아니요 하나님이시라 하나님이 나를 바로에게 아버지로 삼으시고 그 온 집의 주로 삼으시며 애굽 온 땅의 통치자로 삼으셨나이다"(창 45:8)라고 하였다. 하나님께 모든 것을 맡겼기에 형들에게 무한히 관용할 수 있었다.

참 자유와 행복은 맡김에 달려 있다. 맡김은 믿음을 바탕으로 한 의지의 행위이다. 그 믿음의 대상은 하나님이시며, 하나님의 선하심을 인정하는 것이다. 하나님이 선하시므로 하나님이 정해주신 길과 상황을 수용하는 것이다. 그리고 자신의 삶의 전부를 그분에게 맡기고 따르는 것이다. 하나님께 맡긴다는 것은 자신의 의지를 그분에게 드린다는 뜻이다.

'코우의 실험'이란 것이 있다. 땅에 놓여 있는 30센티미터의 널빤지 위를 걸으라고 하면 모든 사람들이 다 아무 두려움 없이 걸어갈 수 있다. 그러나 공중에 매달린 30센티미터의 널빤지를 걸으라고 하면 두려움 없이 걸을 수 있는 사람은 많지 않다. 널빤지가 땅에 있을 때 걸을 수 있는 것은 걸을 수 있다는 생각만 한다. 반면에 공중에 매달린 널빤지를 걸을 때는 떨어진다는 생각만 한다. 하나님께 맡긴다는 것은 안전하다는 생각만 하는 것이다. 하나님께 맡긴다는 것은 떨어진다는 생각을 하지 않는다. 하나님은 힘이시고, 평안이시고, 선하신 분이신 것을 알기 때문이다.

오래전 어느 권사님이 겪었던 이야기이다. 권사님은 알 수 없는 병으로 오랫동안 앓고 잠도 깊이 들지 못하였는데 심방을 오신 목사님이 하나님께 다 맡기고 평안히 지내시라고 하였다. 긴 병에 평안을 빼앗긴 권사님은 목사님이 돌아가신 다음에 마음이 평안해지고 하나님께 맡기기로 하였다. 그리고 권사님은 깊은 잠에 빠졌다. 식사 때가 되어 며느리가 깨우면 식사를 하고 또 잠이 들었고 죽은 듯이 잠에서 깨어나질 못하였다. 이러기를 사흘을 계속하였고 잠에서 깨어나 보니 앓던 병이 깨끗하게 나았다는 것이다.

권사님의 말씀은 목사님의 말씀과 기도를 받고 나니 모든 것이 맡겨졌고, 병도 하나님의 손에 맡겼고, 맡기고 나니 잠이 쏟아지는 것을 주체할 수 없었고, 죽은 듯 잠을 자고나니 병이 낫고 몸이 가벼워졌다는 것이다. 맡기는 것은 믿음이며, 믿음은 병을 낫게 하는 것이다.

넷째, 믿음이란 의뢰하는 것이다.

성경은 "여호와께 의뢰", "하나님을 의뢰", "주께 의뢰" 등 믿음의 행위를 여러 번 말하고 있다. 이스라엘이 하나님을 믿으므로 의뢰하였다. 하나님께서는 믿음으로 의뢰하는 자에게 구원을 베푸셨다. 시편 기자는 "우리 조상들이 주께 의뢰하고 의뢰하였으므로 그들을 건지셨나이다"(시 22:4)라고 고백한다. 그리고 하나님은 믿고 의뢰하는 자에게 약속하신 복을 주신다. 그래서 예레미야는 "그러나 무릇 여호와를 의지하며 여호와를 의뢰하는 그 사람은 복을 받을 것이라"(렘 17:7)라고 고백한다.

믿음이란 인간이 노력이라는 침몰하는 배에서 필사적으로 뛰어내리는 행동을 말한다. 베드로는 제자로 부르심을 받고 믿음이 성장하는 과정을 낱낱이 보여주었다. 물 위로 걸어오시는 예수님을 보고 배에 탄 제자들이 "유령이다"(마 14:31)라고 하였다. 베드로도 다른 제자들과 마찬가지로 예수님께서 물 위로 걸어오시는 것을 믿지 못하였다. 그래서 그는 "주여 만일 주님이시거든 나를 명하사 물 위로 오라 하소서"(마 14:28)라고 하였다. 그의 말에는 주님에 대한 전적인 신뢰가 부족해 보인다. 그러나 그는 물 위로 걸어가기를 자청하였고, 물 위를 걷다가 잠시 후에 바람을 보고 물에 빠졌다.

베드로가 왜 물에 빠졌을까? 예수님께서 "믿음이 작은 자여 왜 의심하였느냐"(마 14:31)라고 하신 것으로 보아 믿음이 작아서 빠졌을 것이다. 그러면 그가 어떻게 잠시라도 물 위를 걸었을까? 사실은 베드로가 물에 빠진 것은 물이기 때문이다. 물에 빠지는 것은 지극히 정상이다. 그가 잠시라도 물 위를 걸었던 것이 기적이다. 그리고 베드로가 물에 빠졌다고, 믿음이 작다고 말할 수 있지만 다른 제자들은 배에서 한 발도 나오지 못했다. 베드로의 믿음이 큰 믿음은 아니었지만 큰 믿음으로 성장할 수 있는 작은 믿음을 확실히 보인 것이다.

믿음이란, 세상이라는 바다, 출렁이는 물결 위에 떠 있는 구원의 방주에 오르는 용감한 행동이다. 방주에 탄 노아와 그 가족들은 세상의 모든 코로 숨 쉬는 것들이 다 죽어도 죽지 않았다. 어떤 특별한 행위가 아니라 방주에 타는 믿음 때문이다. 구원을 얻는 믿음이란 하나님의 구원선인 방주에 올라 그 안에 있는 것이다.

기독교 역사에서 경건주의는 종교 개혁 이후 스콜라주의에 반대하면서 등장했다. 스콜라주의에서는 신앙적 경험, 내적 삶에 대한 탐구를 점점 더 멀리하였다. 특히 걸출한 학자였던 에라스무스는 스콜라주의가 사람들을 삶과 섬김을 위해 준비시키지 못했으며, 삶으로부터, 영성으로부터, 섬김과 목회로부터 분리되었다고 생각하고 비판하였다. 종교 개혁 이전 중세의 스콜라 신학은 이성에 치우치는 반면, 수도원적 신비신학은 정의(情意)적 면을 더 중히 여겼다는 비판을 받고 있다.

중세 시대 이성주의에 치우친 스콜라주의자들은 믿음을 단순히 '동의'라고 했다. 교리를 설명하고 이성적으로 이해를 시키고 이것에 대하여 "믿습니다"라고 하면 그 대답이 구원에 이르게 하는 길이라고 하였다. 그러므로 스콜라주의는 체험적 신앙에 이르지 못하고 동의적 신앙에 머물렀다.

이에 대하여 칼뱅은 단순한 동의는 심경에 전혀 영향을 주지 못한다고 하였다(기독교강요 3.2.10). 믿음이란 머릿속에 있는 지성이 아니라 가슴속에 있는 감정이기 때문이다. 믿음이 있는 곳은 머리가 아니라 선한 양심이라고 칼뱅은 말한다(가독교강요 3.2.12). 그리고 믿음이란 반드시 말씀에 대한 순종으로 나타난다. 순종은 머리로 하는 것이 아니라 가슴으로 하는 것이다. 사람이 의로 인정받게 되면 말씀에 순종하게 되고, 순종은 곧 성화의 삶을 살게 하고, 성화의 삶의 결과는 곧 영화로 이어지는 것이다.

파스칼은 "하나님을 느끼는 것은 마음이며 이성이 아니다. 이것이 곧 신앙이다"라고 하였다. 이 말은 믿음이란 마음으로 느끼는 것이라는 뜻이다. 하나님을 믿으면 마음으로 하나님을 느끼며, 하나님의 말씀을 마음으로 느끼며, 예수 그리스도와 구원을 마음으로 느껴 알게 되는 것이다.

종교 개혁자들은 구원이란 행위가 아니라 믿음을 통하여(through faith), 하나님의 은혜로(by grace) 이루어진다는 사실을 성경에서 발견하였다. 믿음이 없이는 구원도 없으며, 믿음 외에 어떤 다른 조건을 필요로 하는 것이 아니라 오직 믿음만으로 구원을 얻는다는 것을 말씀을 통하여 발견하고 '오직 믿음'을 말한 것이다.

루터는 로마 교회의 잘못된 가르침을 바르게 하기 위하여 95개 조항을 비텐베르크 교회에 내걸고 1517년 교회의 개혁을 시작하였다. 1519년 보름스 제국의회에 소환을 받을 때까지 그는 모진 고통과 비난을 감수해야 했다. 교황청에서 소환령이 왔을 때 그는 "악령의 떼가 로마의 기왓장처럼 많을지라도 주님을 의지하여 나는 가노라"라고 하며 조금도 움츠리지 않고 나아갔다. 루터가 당당하게 나아갈 수 있었던 것은 믿음 때문이었다. 그래서 그는 그 믿음으로 "내 주는 강한 성이요 방패와 병기 되시니"를 노래하며, 죽음 앞에서 믿음으로 승리하였다.

오래전 미국에서 공부하며 이민 교회를 목회할 때의 이야기이다. 서울의 일류 대학교를 졸업하시고 선교 단체에서 열심히 성경 공부를 하시던 신실한 집사님이 계셨다. 그 집사님은 한인타운에서 제법 큼직한 식당을 운영하던 모범적인 교회의 일꾼이셨다. 어느 날 심방을 가서 예배를 막 마쳤는데 집사님이 "목사님, 질문 하나 해도 되겠습니까?"라고 하였다. 나는 "집사님이 목사에게 질문 있으면 하는 게 당연하지요"라고 하였다. 그는 아주 어색한 표정을 지으며 "신약 성경에는 십일조 하라는 명령어가 없지 않습니까?"라는 것이었다. "예, 없지요." "그런데 목사님은 왜 십일조를 그렇게 강조하십니까?"

사실 나는 교인들에게 십일조를 열심히 가르치는 편이었다. 그런데 그 질문을 받고 나니 갑자기 머릿속이 하얗게 되었다. 30대 중반의 경험이 적은 목회자가 갑작스런 십일조 질문에 당황했던 것이다. 나는 집사님께 "집사님, 십일조보다 더 하려고 질문하시는 겁니까, 아니면 덜 하려고 질문하시는 겁니까?"라는 혼돈스런 질문을 던지고 짤막한 기도를 드렸다. "하나님, 큰일 났습니다. 빨리 답을 주십시오."

기도가 끝나자 하나님은 정말 답을 주셨다. 그래서 이렇게 말했다. "신약 성경에는 십일조에 대한 명령어가 없는데 십일조 이제 그만 하라는 말은 있습니까?" 집사님은 "그 말은 없지요"라고 하였고 나는 얼른 "그 말이 없으면 계속 합시다"라고 하였다. 그리고 신약 시대라고 하여 구약 성경이 폐기된 것이 아니고 예수님도 율법과 선지자라는 구약을 완전하게 하시려고 오셨다고 설명하였다.

그리고 '십일조를 드리라'라는 명령어는 없지만 "너희가 박하와 운향과 모든 채소의 십일조는 드리되 공의와 하나님께 대한 사랑

02_ 오직 믿음(Sola fide)

은 버리는도다 그러나 이것도 행하고 저것도 버리지 말아야 할지니라"(눅 11:42)라고 하신 것은 십일조의 명령이라고 설명해 드렸다. 집사님은 고개를 끄덕이셨고 다음 주일부터 그분의 봉헌 액수는 이전보다 많았다.

우리가 때로는 나의 생각과 입장을 정당화하기 위하여 성경을 곡해할 수가 있다. 마치 부활을 부인하는 사두개인들이 예수님께 질문하였을 때 예수님께서 "너희가 성경도, 하나님의 능력도 알지 못하는 고로 오해하였도다"(마 22:29)라고 하신 것처럼 성경을 자의로 해석하기도 한다. 그리고 이성적 판단과 경험으로 자신의 생각과 주장을 정당화하기 위하여 핑계하고 변명할 때가 있다.

믿음이란 자신의 이성적 판단을 정당화하려는 꾀가 아니고, 자신의 잘못에 대한 핑곗거리를 찾으려는 것이 아니라 하나님의 말씀을 말씀 그대로 인정하고 수용하는 것이다. 그래서 루터는 믿음을 '수용하는 것'(die Annahme)이라고 하였다.

나이아가라 폭포에서 있었던 잘 알려져 있는 이야기가 있다. 1859년 외줄타기의 명수 찰스 블론딘(Charles Blondin)은 줄타기로 나이아가라 폭포 횡단을 시도하였다. 무수한 관중이 모인 가운데 블론딘은 이렇게 물었다. "여러분, 내가 이 외줄을 타고 폭포를 건널 수 있다고 믿습니까?" 아무도 그가 폭이 넓고 물이 떨어지는 요란한 소리 가운데서 집중하여 건널 수 있다고 믿지 않았다. "아니오." "그럼 잘 보시기 바랍니다." 그는 긴 장대로 균형을 맞추고 서서히 외줄을 타고 무사히 폭포를 횡단하였다.

그리고 그는 다시 관중들에게 물었다. "여러분, 이제는 내가 외줄을 타고 폭포를 횡단할 수 있다고 믿습니까?" 모든 사람들이 다 믿는다고 하였다. 그는 이어 "그럼 내가 한 사람을 등에 업고 건널 수 있다고 믿습니까?" 관중들은 그가 너무 쉽게 외줄을 건넜기에 다들 믿는다고 하였다. 블론딘은 "그러면 여러분 가운데 누구든지 한 분만 내 등에 업혀보십시오"라고 하였는데 아무도 업히겠다는 사람이 없었다.

그때 한 소녀가 "내가 업히겠습니다"라며 나섰다. 관중들은 일제히 경악하며 이 소녀를 등에 업고 외줄을 타는 블론딘을 가슴을 조이며 바라보고 있었다. 블론딘은 소녀를 등에 업은 채 여전히 사뿐히 외줄을 타고 폭포를 횡단하였다. 그가 무사히 돌아온 다음에 관중들은 소녀에게 물었다. "폭포가 무섭지 않니? 어떻게 그렇게 용감하게 등에 업힐 수 있었니?" 그때 그 소녀는 이렇게 말했다. "저분이 내 아빠예요." 소녀가 용감하게 등에 업힐 수 있었던 열쇠는 믿음이었다. 소녀는 아빠를 절대적으로 신뢰하기 때문이었.

성경은 하나님께서 이스라엘 백성들을 애굽의 위험에서 이끌어 내실 때에 업고 나오셨다고 한다. "내가 애굽 사람에게 어떻게 행하였음과 내가 어떻게 독수리 날개로 너희를 업어 내게로 인도하였음을 너희가 보았느니라"(출 19:4). 이스라엘 백성을 업으신 하나님은 그들의 아버지이셨다. 하나님의 등에 업히는 것은 이스라엘 백성들의 믿음이었.

키르케고르는 "기독교의 믿음을 저버리는 최악의 변질은 그 믿음이 단순히 문화의 일부가 되어버리는 것이다"라고 하였다. 종교의 사전적 의미는 "초인간적 세계와 관련된 신념이나 의례 등으로 구성된 문화 현상"이라고 한다. 기독교를 문화 활동으로 전락시키는 것은 믿음의 변질 때문이다. 믿음이 변질되면 진정성이나 간절함이 없는 습관적 문화 활동이 되는 것이다. 그래서 모든 종교가 종교라면 기독교는 생명이다. 그리스도인의 하나님께 드리는 예배가 문화 활동일 수는 없는 것이다.

교회 주변에는 문화적 그리스도인이 제법 많이 있다. 기독교 가정에서 태어나고 자라고 부모를 따라 교회에 다녔기에 그들은 자신들을 스스로 그리스도인이라고 여기며 의심하지 않는다. 이런 문화적 그리스도인들은 가정이나 사회적 분위기에서 사찰에 한 번도 가본 적이 없지만 자신이 불교 신자라고 여기거나, 전통에 따라 조상 제사를 한다고 유교 신자라고 여기는 자들과 전혀 다를 바가 없다. 부모의 종교에 따라 태어나면서 러시아정교회 교인이 되는 러시아의 관습처럼 아무런 초월적 갈망이나 헌신이 없이 그리스도인이라고 자처하는 것이다.

현대는 양극화(polarization) 시대이다. 있는 자와 없는 자의 차등이 점점 더 커지고 있다. 미래학자들은 미래 사회의 한 특징을 양극화라고 한다. 양극화의 가장 뚜렷한 현상은 경제에서 드러난다. 돈이 많은 자와 없는 자가 많아지며 중간 계층이 사라지게 된다는 것이다. 이런 양극화는 경제나 지식 외에 영성적 양극화도 나타나게 된다.

영성 사회라고 하는 미래 사회는 영성적 그리스도인과 비영성적 그리스도인의 간격이 점점 커지는 것이다. 영성적 그리스도인은 간절함이 더하여 영성을 더 추구하게 될 것이나, 비영성적 그리스도인은 영성적 내면을 상실하고 그리스도인의 외형만 유지하게 되는 것이다. 그리하여 이런 그리스도인들은 명목상 그리스도인(nominal Christian)으로 전락한다. 이름만 그리스도인이며 내면은 전혀 그리스도인의 닮은꼴이 아니라는 것이다.

믿음이 그리스도인을 그리스도인으로 만든다. 믿음이 없으면 모양은 그리스도인이지만 참 그리스도인이 아니며, 엄밀하게 말하면 명목상의 그리스도인은 그리스도인이라고 할 수 없다. 믿음이 없는 그리스도인은 더 이상 그리스도인이라는 이름이 합당하지 않기 때문이다.

히브리서 11장 6절에는 "믿음이 없이는 하나님을 기쁘시게 하지 못하나니"라고 한다. 우리 삶의 최고의 목표가 하나님을 기쁘시게 하는 것인데 하나님을 기쁘시게 하려면 믿음이 있어야 한다. 하나님을 세상의 창조자로, 우리의 복의 근원으로, 나의 아버지로 인정하고 믿는 것은 하나님이 제일 기뻐하시는 것이다. 하나님은 하나님으로 인정받기를 원하신다. 하나님을 인정하는 것이 영광을 돌리는 것이다. 믿음으로 하나님을 기쁘시게 하는 최고의 자녀가 되는 것이 우리의 행복이며, 삶의 목적이다.

03

오직 성경
(Sola scriptura)

"그러나 너는 배우고 확신한 일에 거하라 너는 네가 누구에게서 배운 것을 알며 또 어려서부터 성경을 알았나니 성경은 능히 너로 하여금 그리스도 예수 안에 있는 믿음으로 말미암아 구원에 이르는 지혜가 있게 하느니라 모든 성경은 하나님의 감동으로 된 것으로 교훈과 책망과 바르게 함과 의로 교육하기에 유익하니 이는 하나님의 사람으로 온전하게 하며 모든 선한 일을 행할 능력을 갖추게 하려 함이라"(디모데후서 3:14–17).

03
오직 성경(Sola scriptura)

오래전 정신여자중고등학교 정신학원의 이사장으로 섬길 때 이야기이다. 당시에 정신여자고등학교의 교장선생님은 교회의 장로님이셨다. 학교에 설교 초청을 받아 30분 정도 미리 가서 교장실에서 차를 마시며 환담하는 가운데 교장선생님은 "목사님, 사실은 얼마 전 내가 죽을 뻔하였는데 살았습니다"라고 하였다.

교장선생님의 얘기는 이러하였다. 갑자기 몸에 이상이 생기고 위장이 불편하여 병원에 가서 검사를 하였더니 위암이라는 판정을 받았다. 의사는 "수술을 하셔야 합니다. 수술 후에 완전 회복할 수 있는 가능성은 반반입니다"라고 하였다. 의사의 소견을 듣고 수술 날짜를 기다리는데 하루하루가 죽을 맛이었다. 막상 수술 날이 되어 침상에 누워 있는데 죽을지 모른다는 공포감이 밀려오고 머릿속이 하얗게 비더라는 것이다. 아무 생각이 나지 않고 두려움에 기도가 되지 않았다.

얼마쯤 지나니 한 성경 구절이 생각나서 성경을 암송하였다. 그리고 조금 있으니 또 다른 성경 구절이 생각나서 또 그 구절을 암송하였다. 몇 개의 성경 구절을 암송하고 나니 마음이 차분해져서 기도할 마음이 생겼고 몇 마디 기도하는 가운데 마취가 되어 아무 기억이 없이 수술에 들어갔다. 그리고 수술이 잘 되어 오랫동안 건강하게 지내시면서 교장의 임기도 무사히 끝내시고 그 후에 미국에 가셔서 지내시게 되셨다.

그 교장선생님은 이렇게 얘기를 이어나가셨다. "목사님, 저는 모태 신앙입니다. 교회에서는 장로입니다. 학교에서는 교장입니다. 그런데 막상 죽음 앞에 서 보니 준비된 게 없었고 공포감만 밀려왔습니다. 제가 수술실 침상에 누워 있을 때 머리에 떠오른 성경 구절들은 어릴 때 어머니 손에 끌려 교회 유년부에서 암송하던 성경 구절들입니다. 그래서 그 후에 저는 교회에서든 학교에서든 선생님들에게 아이들에게 성경을 많이 암송하게 하라는 것이 저의 남은 일입니다. 성경이 저를 죽음 앞에서 용기를 주었고 영혼을 살려주었습니다."

성경 말씀은 약한 자에게 힘이며, 절망한 자에게 소망이며, 두려운 자에게 용기이다. 그리고 모든 사람에게 참 생명이다.

모든 종교는 경전을 가지고 있다. 불교는 '반야심경'이나 '화엄경' 같은 불경이 있고, 유교는 공자의 '논어'나 맹자, 장자, 노자의 글들이 있고, 이슬람교는 '꾸란'이 있다. 기독교 이단인 몰몬교는 '몰몬경', 통일교는 '원리강론' 등 자신들의 경전을 나름대로 다 가지고 있다. 기독교 이단들이 성경을 믿지 않는 것이 아니라 성경 외에 또 다른 경전을 가지고 있기에 이단이라 칭하는 것이다.

이단들이 가진 경전은 성경과는 비교할 수 없으며, 하나님의 말씀이 아니므로 성경이 가지는 말씀의 권위를 가질 수가 없는 것이다. 영성가 포시스는 "사도들의 참된 계승자는 감독이 아니라 신약 성경이다"라고 할 만큼 성경의 권위를 교회의 최상위에 두었다.

성경이 기독교를 체계적이며 조직적으로 만들었다. 예수님께서 승천하신 다음 성경이 없었다면 기독교가 이 땅에 뿌리를 내리지 못하였을 것이다. 그래서 초기 기독교를 '책의 종교'라고 불렀다. 기독교가 책의 종교인 것은 기독교 문헌을 봉독하고, 쓰고, 필사하고, 전파하는 활동이 초기 기독교에서 중요한 일이었다는 사실 때문이다. 초기 기독교 공동체는 텍스트를 중시하는 집단이라 불리었고, '텍스트 공동체'로 묘사하기도 했다. 그런 의미에서 초기 기독교는 텍스트를 마음과 영혼의 중심에 둔 전혀 새로운 운동이었다.

종교 개혁은 '성경의 재발견'이라고 일컫는다. 종교 개혁이란 새로운 것을 만들어낸 것이 아니라 왜곡된 것을 돌이켜 원래의 것을 다시 찾는 것을 말한다. 성경 본래의 진리에서 벗어난 당시의 성경 해석과 교리와 신학을 다시 본래의 말씀으로 되돌리는 것이 종교 개혁이었다. 종교 개혁 이전의 중세 교회의 신학이나 교리는 성경과는 멀리 벗어나 있었던 것이다. 성경의 생명력도 사라지고, 성경의 가치를 상실하게 만든 것이 당시 교회의 타락한 모습이었다. 종교 개혁은 이런 당시의 부패상을 벗어나 성경 본래의 모습으로 돌아가려는 시도였다.

'오직 성경'이라는 개혁가들의 외침은 어떤 것도 성경의 권위에 버금가지 못하여 성경의 권위에 도전하지 못하게 하려는 시도였다. 가톨릭 교회에서는 성경은 '믿음의 첫째 법칙'(prima fidei regula)이라고 정의하는 데 비하여 개혁가들의 개신교는 성경은 '믿음의 유일의 법칙'(sola fidei regula)이라고 하였다. 가톨릭 교회는 교황의 말이나, 교회의 결정이나, 외경이나 위경 등도 성경과 동등한 말씀의 권위를 부여하지만 개신교에서는 오직 성경만이 하나님의 말씀의 권위를 가진다고 하였다. 가톨릭 교회는 성경을 사제들의 독점물로 만들었고, 1229년에 평신도가 성경을 소지하고 읽는 것을 금지시켰다. 1546년에는 입으로 전해 내려오는 구전 전통을 성경과 동일한 권위를 지니는 것으로 확정했다. 그렇게 하므로 성경은 믿음의 첫째 법칙으로 정하였고 유일성을 상실하였다. 그리고 정경에 7권의 외경을 성경에 포함시켜 정경 외에 외경까지를 성경이라 한다. 그리하여 개신교는 66권의 정경을, 가톨릭 교회는 73권의 정경을 가지고 있다.

  장로교 신조 제1조는 "신구약 성경은 하나님의 말씀이니 신앙과 행위에 대하여 정확무오한 유일의 법칙이다"라고 한다. 장로교인들은 누구나 이 신조를 제일로 삼고 있고, 목사를 비롯한 항존직 직원의 임직에는 반드시 이 신조를 믿음으로 고백한다. 즉 장로교 신조의 으뜸은 성경이 하나님의 말씀이라는 신앙 고백이다. 성경을 하나님의 말씀으로 믿음을 통하여 하나님의 존재, 예수 그리스도의 구원자 되심, 인간의 죄와 멸망 그리고 구원 그리고 종말의 심판과 영원한 생명 등을 믿을 수 있게 된다.

  마태복음 5장 18절에서는 "천지가 없어지기 전에는 율법의 일점일획도 결코 없어지지 아니하고 다 이루리라"라고 하였다. 성경은 일점일획도 없어지지 않고 변하지 않는다. 성경은 옛날 말씀이 아니라 지금의 말씀이다. 성경이 정확무오하고 유일한 법칙인 까닭은 하나님께서 변하지 않는 분이시며, 변하지 않는 분의 말씀이므로 변하지 않는 말씀일 수가 있다.

1974년 스위스 로잔에서 열린 '로잔 운동'에서 발표한 '로잔 언약' (The Lausanne Covenant)은 성경은 그것이 긍정하는 모든 것에서 오류가 없다고 다음과 같이 선포한다.

"우리는 신구약 성경이 하나님의 영감으로 기록되었음을 믿으며, 그 진실성과 권위를 믿는다. 성경 전체는 기록된 하나님의 유일한 말씀으로서, 그 모든 가르치는 바에 전혀 착오가 없으며, 신앙과 실천의 유일하고도 정확무오한 척도임을 믿는다. 우리는 또한 그의 구원 목적을 이루는 말씀의 능력을 확신한다. 성경 말씀은 온 인류를 위한 것이다. 그리스도와 성경에 나타난 하나님의 계시는 불변하기 때문이다.

성령은 오늘도 그 계시를 통해 말씀하신다. 성령은 어떤 문화 속에서나 모든 하나님 백성의 마음을 조명하여 그들의 눈으로 이 진리를 새롭게 보게 하시고, 하나님의 각종 지혜를 온 교회에 더욱더 풍성하게 나타내신다."

기독교 복음주의 운동의 거장인 존 스토트(John Stott)는 "하나님은 두 권의 책을 쓰셨는데 하나는 성서이고, 또 하나는 자연의 책이다"라고 하였다. 믿음의 눈으로 보면 하나님께서 창조하신 자연의 신비를 느끼게 된다.

20세기 최대의 관심을 모았던 칼 바르트와 에밀 브루너의 '계시

논쟁'은 중요한 쟁점과 차이로 주목을 끌었다. 브루너가 '자연과 은혜'(Nature and Grace)를 말하자 바르트는 '아니오!'(Nein)라고 응답하였고 두 신학자의 논쟁은 신학계를 달구었다.

신정통주의를 대표하는 20세기의 가장 위대한 두 신학자 바르트와 브루너는 타락한 인간이 가질 수 있는 계시의 수용 능력이 있느냐 없느냐에 대해 한 치 양보가 없는 뜨거운 논쟁을 벌였다. 두 신학자는 공통적으로 계시의 중요성과 특징을 예수 그리스도 안에서 발견할 수 있다고 하였고 예수 그리스도를 통하지 않고는 구원도 없고, 하나님을 알 수도 없다고 하였다.

그러나 1920년 무렵 브루너는 자연 신학에 관심을 가지면서 일반 계시를 인정하게 되었다. 브루너가 인간에게는 하나님을 알 수 있는 자질이 있으며 하나님을 인식할 수 있다고 하였다. 이에 대하여 바르트는 인간이 타락하므로 인간 안에는 하나님을 알 수 있는 능력을 상실하였고, 오직 예수 그리스도를 통해서만 하나님을 알 수 있다고 하였다.

브루너는 하나님의 계시를 그의 신학의 최상위 개념으로 설정하였고 가장 신성한 것으로 간주하였다. 그는 "이는 하나님을 알 만한 것이 그들 속에 보임이라 하나님께서 이를 그들에게 보이셨느니라 창세로부터 그의 보이지 아니하는 것들 곧 그의 영원하신 능력과 신성이 그가 만드신 만물에 분명히 보여 알려졌나니 그러므로 그들이 핑계하지 못할지니라"(롬 1:19-20)라는 말씀을 근거로 자연 계시를 주장하였다.

03_ 오직 성경(Sola scriptura)

반면에 바르트는 하나님의 말씀인 성경만이 유일한 하나님의 계시라고 하였다. 바르트는 '성경은 하나님의 계시이다'라는 그의 신학의 절대적인 명제를 늘 최상위 개념으로 생각하였다. 그는 성령은 성경의 영으로 하나님의 말씀이 현실이 되도록 역사한다고 하였다. 바르트는 하나님의 말씀은 세 가지로 존재하며, 계시된 말씀인 복음 자체로서의 그리스도, 기록된 말씀인 성경 그리고 교회의 선포된 말씀인 설교이다.

기독교 역사에서 보면 주후 387년 카르타고 공의회에서 구약 39권, 신약 27권의 66권을 정경으로 결정하였다. 정경화 과정에서 구약의 다섯 권이 정경성을 의심받았다. 아가서는 너무 관능적이라는 이유 때문에, 전도서는 너무 논리가 회의적이라는 이유 때문에, 에스더서는 하나님이란 단어가 한 번도 나오지 않기 때문에, 잠언은 지도자들의 삶이 서로 모순되기 때문에, 에스겔은 환상들이 영지주의적 경향을 보이기 때문이었다. 일부 유대학자들은 에스겔서가 반 모세적 성격을 포함하고 있다고 하였다. 그리고 신약은 빌레몬서가 너무 개인적인 편지라고 하여 정경성의 문제가 제기되었다. 그러나 서신의 내용이 죄인에 대한 하나님의 용서와 같다고 하여 마지막에 정경으로 채택되었다.

가톨릭 교회에서는 66권의 정경 외에 외경(外經, Apocrypha)이 더 있다. 가톨릭 교회는 교의를 변증할 목적으로 1546년 트렌트 종교회의에서 외경인 '토비트', '유딧', '솔로몬 지혜서', '집회서', '바룩', '마카비상·하', '에스더 부록', '다니엘 부록' 곧 '세 청년의 노래', '수산

나', '벨과 뱀' 등을 정경으로 채택하였다.

그러나 개신교는 외경을 영감성이나 역사성 또는 영적 도덕적 수준에서 볼 때 정경으로 인정하지 않는다. 외경에 대한 개신교의 견해는 개혁자 루터의 설명에 잘 나타나 있다. 루터는 "외경, 이는 성경과 동등시될 수 없는 책이지만 읽어서 유익하고 좋은 책"이라고 말했다. 외경은 역사를 이해하는데 많은 영향을 끼쳤으며, 구약 외경은 신약 성경을 이해하는 데 큰 공헌을 하였다.

그 외에 구약 말라기와 신약 마태복음 사이에는 약 400년 정도 시간적 간격이 있는데 중간기 혹은 중간 시대(Intertestamental Period)라고 부른다. 중간 시대에 유대인들에 의해서 저작된 많은 분량의 종교적인 문헌들을 위경(僞經, Pseudepigrapha)이라고 부른다. 위경은 성경으로서 권위는 없으며 당시의 역사적 참고서로 활용되고 있다.

루터는 "성경은 무엇보다도 먼저 사도들이 그리스도에 대해 증거한 것인데 그것은 그리스도가 누워 있는 구유이다"라고 하였다. 또한 그는 "성경은 우리 주 그리스도가 입으신 옷"이라고 하였다. 그리스도는 성경 속에서 자신이 발견되며 드러나게 하신다. 이 옷은 오랜 세월에 걸쳐 짜였고 누구도 잘라 버리거나 나눌 수 없는 하나의 옷이다. 이는 예수님의 옷이 솔기가 없는 통옷이었던 것과 같다. 루터는 성경의 권위를 최고로 높였으며, 성경을 성령으로 감동된 말씀이라고 하였다.

칼뱅은 하나님이 성령을 통하여 말씀하신다는 것을 믿었다. 칼뱅에게 있어서 성령은 성경의 저자이다. 칼뱅은 기독교강요 11장에서 "하나님을 아는 지혜와 자기 자신을 아는 지혜는 같다"라고 하여 성경적 지혜를 강조하였다. 칼뱅에 의하면 성경은 하나님의 교실과 같다. 성경 안에서 하나님과 우리 자신에 대하여 배운다. 칼뱅의 성경관은 "누구든지 성경을 바로 읽지 않고서는 참되고 올바른 가르침을 알 수 없다"라는 것이다.

교회사의 중요한 시기마다 객관적인 균형은 성경과 교회 두 가지로 정의되어 왔다. 칼뱅이 신령주의자들을 비난한 이유는 그들이 내적 조명을 추구했지만 성경을 무시하고 성경에 귀를 기울이지 않았기 때문이다. 성경적 사고를 형성한 사람은 자신과 세상을 바르게 이해할 수 있는 능력을 갖추게 된다.

존 웨슬리(John Wesley)는 "우리의 신앙은 성경에 근거해야 한다"라고 하여 성경이 모든 삶의 근거가 되어야 함을 가르쳤다. 웨슬리는 우리의 삶에는 성경 한 권으로 충분하다고 하여 그를 '한 권의 책으로 족한 사람'(homo unius libri)이라고 불렀다.

19세기 영국의 소설가이며 시인이었던 월터 스콧 경(Sir Walter Scott)은 노년에 자신의 죽음이 다가왔음을 병상에서 느꼈다. 그는 자신의 병상을 지키던 하인에게 책을 가져오라고 부탁하였다. 하인은 스콧 경이 많은 책을 저술하였고, 또 그의 서가에는 엄청난 책들이 꽂혀 있었으므로 어느 책을 말하는 것인지 금방 알아듣지 못하였다. 그때 스콧 경은 하인에게 "세상에 책은 하나밖에 없다"라고 하였다.

그제서야 하인은 아무 말 없이 돌아서서 서재에서 그가 애독하던 낡은 성경을 가져다주었다. 스콧 경은 마지막 숨을 거두기까지 성경만을 읽었다. 그는 많은 독자들의 심금을 울리고 사랑받고 돈과 명예를 안겨준 그의 작품들이 아니라 진정 마지막까지 읽어야 할 사람들에게 감동을 주는 책은 오직 성경뿐이라는 사실을 확신하고 있었다.

시편 119편의 주제는 '말씀'이다. 시편 119편에서는 말씀을 여러 가지 용어로 설명하고 있다. '말씀', '증거', '법도', '율법', '계명', '율례', '규례', '법' 등이다. 말씀을 이런 여러 가지 단어로 표현한 것은 성경이 가지고 있는 포괄성과 중요성 때문이다. 성경이 가르치는 말씀이야말로 삶의 법도이며 율례이며 규례이기 때문이다. 성경이 가르치는 말씀대로 살면 하나님이 인간에게 정하여 주신 도리로 살 수 있다는 것이다.

성경은 살아 계신 하나님의 말씀이므로 세상의 어떤 말보다 귀한 말씀이다. 칼뱅은 제네바에서 목회하는 동안 '칼뱅 오디토리움'이라 불리는 곳에서 29년간 성경을 강해하였다. 그런데 칼뱅이 교회로부터 반대를 받아 2년간 제네바를 떠나 스트라스부르에 머물렀다. 3년이 지난 다음에 제네바의 대표자들이 칼뱅을 찾아와 자신들의 잘못을 사과하고 다시 제네바에 와서 목회해 주기를 바랐다.

칼뱅은 그들의 청으로 3년 만에 제네바로 돌아와서 강단에서 말씀을 전하기 시작하면서 "앞선 주일에 이어 계속해서 말씀드리겠습니다"라고 하였다는 유명한 일화가 남아 있다. 칼뱅은 성경만을 연구하고 전하기로 하였던 것이다. 그는 성경중심의 사고와 삶으로 종교 개혁을 이어나가고 개혁주의를 탄생시킨 것이다.

성경은 살아 계신 하나님의 말씀이므로 그 속에 생명이 있다. 19세기 미국의 위대한 부흥사인 무디(Dwight L. Moody) 목사님은 1871년 브루클린에서 첫 목회를 시작하였다. 열정적으로 열심히 설교하였지만 성도들이 다 떠나고 18명만 남아 있었다. 그는 자신의 설교를 다시 한번 돌이켜보면서 "하나님 말씀만 설교하자"고 다짐하였다. 그때부터 무디의 설교는 80%가 성경을 읽는 것이었다고 한다. 성경 말씀 중심의 설교를 한 무디는 영감이 충만했으며, 힘이 넘치고 교회가 부흥하기 시작하였다.

무디는 "성령의 역사가 없는 성경 연구는 달빛 아래 있는 해 시계와 같다"고 하여 말씀은 성령의 역사로 영감을 얻으며 힘이 된다고 하였다. 하나님의 말씀 외에 영혼에 영감을 주며, 교회를 부흥하게 하는 것은 없다. 무디는 "성경은 정보를 위한 책이 아니라 변화를 위한 책이다"라고 하였으며, 그의 설교를 듣는 사람들은 말씀을 통하여 변화되었다.

흔히 고전이라 부르는 근대 예술 가운데 음악이나 문학이나 미술 등을 보면 모든 예술은 성경을 기초로 하고 있다. 성경에서 하나님께 영광을 돌리는 음악이 나오며, 성경을 바탕으로 위대한 소설이나 시가 쓰여지며, 성경의 인물이나 사건을 토대로 걸작 명화들이 나왔다. 성경이 없이는 위대한 예술도 없다. 성경은 예술의 생명력이라고 할 수 있다.

위대한 설교가 찰스 스펄전(Charles Haddon Spurgoen)은 매년 《천로

역정》을 읽었다고 한다. '천로역정'을 되풀이하며 자신의 삶에 적용한 그를 향해 사람들은 '걸어 다니는 성경'이라고 하였다. 그를 아는 사람들은 스펄전을 찌르면 그에게서 성경 말씀이 흘러내릴 것이라고 하였다. 그의 삶에는 성경 말씀이 물처럼 흐르는 것을 느낄 수 있었다. 그는 설교나 대화에서 성경 말씀을 인용하지 않고는 말을 하지 않았는데 이것은 그가 하나님의 말씀으로 가득 찬 사람이었다는 것을 보여 준다.

성경은 40여 명의 저자가 1,600년의 긴 세월을 넘어서 기록되었다. 저자와 기록 연대가 다르지만 성경의 중심 주제는 오직 하나이다. 예수 그리스도를 믿는 믿음으로 구원을 얻는다는 것이다. 성경은 오로지 예수 그리스도의 이야기이다. 40여 명 저자의 직업도 다양하다. 왕, 선지자, 학자, 의사, 농부, 목동, 어부 등 인생 경험이 다른 저자들이 같은 주제로 기록하였다는 것이 하나님의 말씀이라는 증거이다. 성경이 기록된 언어도 히브리어, 헬라어, 아람어 등이며, 기록된 지역도 아프리카, 아시아, 유럽의 3대륙이면서도 성경의 내용은 일관된다. 성경은 성령의 감동으로 된 하나님의 말씀인 것이다.

성경은 오류가 없지만 성경을 기록한 사람들은 오류가 있다. 성경에는 인간사에 나타난 온갖 추한 이야기들이 생생하게 기록되어 있다. 믿음의 조상인 아브라함도 오류가 많았고, 위대한 왕 다윗도 오류를 범하였다. 바울도 베드로도 다 우리와 같은 성정(性情)을 가진 평범한 사람들이었다. 오류가 많은 다윗은 오류가 없는 시들을 지었고, 오류투성이였던 솔로몬은 오류가 없는 지혜의 말씀을 남겼다.

예수님을 만나기 이전 오류를 범했던 바울이나 베드로도 오류가 없는 서신들을 기록하였다. 오류가 많은 사람들의 모임에서 오류가 없는 하나님의 말씀을 정경으로 택한 것은 오류가 없는 하나님의 도우심이었다. 이런 성경이 우리 삶을 오류가 없는 삶으로 이끌어준다. '오직 성경'의 믿음으로 성경적 삶을 살고, 성경을 우리 삶의 규범이자, 마음의 양식을 삼아야 할 것이다.

1.
성경의 기원은 하나님의 감동이다

디모데후서 3장 16절 상반절에서는 "모든 성경은 하나님의 감동으로 된 것으로"라고 했다. "하나님의 감동"이란 말은 헬라어로 '데오프뉴마토스'라는 말인데 '숨을 불어넣으심'이란 의미가 있다. 성경은 하나님이 숨을 불어넣으신 책이다. 성경의 모든 글자들은 신문이나 소설 등 다른 책들과 똑같은 글자이지만 성경의 글자는 하나님의 숨이 들어 있는 책이다. 성경은 하나님의 감동으로 되었기에 성경을 통하여 우리가 감동을 받는다.

베드로후서 1장 21절에서는 "예언은 언제든지 사람의 뜻으로 낸 것이 아니요 오직 성령의 감동하심을 받은 사람들이 하나님께 받아 말한 것임이라"라고 한다. '감동하심을 받은'이란 짐을 지어주었다는 뜻이다. 성경은 성령께서 주신 것을 지고 있다는 것이다.

'숨을 불어넣으심'이란 해석과 더불어 성경이 '하나님의 감동으로 된' 것이라는 헬라어의 정확한 뜻은 '하나님께서 호흡해내신'이다. 호흡(呼吸)이란 숨을 들이켜고 내쉬는 두 가지 동작인데 '하나님의 감동'이란 하나님이 '들이마신'(breathe in) 것이 아니라 '내쉰'(breathe out) 것을 말한다. 그러므로 하나님이 숨을 불어넣으신 것은 숨을 들이쉼이란 뜻의 '인스피레이션'(inspiration)이 아니라 내쉼의 뜻인 '엑스프레이션'(expiration)이라고 하는 것이 옳다. 하나님은 숨을 내쉬어 그 숨을 말씀에 넣어주셨다.

하나님께서 태초에 사람을 만드실 때 흙을 빚어 육체가 되게 하셨다. 하나님의 숨이 없으면 그냥 흙일 텐데 숨을 불어넣어 생령 즉 살아 있는 영적 존재로 만드셨다. 에스겔 37장의 에스겔 골짜기에 대한 환상은 하나님 숨결의 생명력을 자세히 일러준다. 골짜기 가운데 가득한 마른 뼈들이 서로 연결되어 모습을 갖추고 힘줄이 생기고 살이 생기고 가죽이 덮였지만 생기가 없으므로 살아나지 못하였다. 그 속에 하나님의 생기가 들어가므로 살아나 큰 군대가 되었다. 하나님의 숨은 살아나게 하고, 힘 있는 군대가 되게 한다.

서울 근교를 달리다 보면 두부 전문 식당들을 보게 된다. 간판에는 순두부, 두부전골, 마파두부 등 입맛을 자극하는 두부 요리를 내걸고 있다. 그런데 그 가운데 보면 '숨두부'라는 것이 있다. 숨두부가 순두부의 방언이라는 말도 있지만 숨두부는 두부가 숨을 쉬고 살아 있는 두부라는 뜻이라고 한다. 숨은 살아 있게 하는 것이다.

선친께서 돌아가실 때 우리 형제들은 모두 임종하였다. 형님은 미국에, 아우는 뉴질랜드에 살고 있지만 우연히 모두 귀국하여 아버지의 마지막 모습을 함께 보며 자리를 지켰다는 것은 아주 특별한 은혜였다. 아버지께서 돌아가실 때 자세히 보니 먼저 숨을 거두고 곧 '뚜뚜뚜' 하면서 맥이 끊어지고 심장이 멈추는 것을 보았다. 숨을 쉰다는 것이 살아 있는 것이고, 숨이 모든 생물을 살게 하는 것이다.

하나님의 말씀도 숨을 쉬고 있다. 하나님은 성경에 하나님의 숨을 불어넣어 성경은 숨을 쉬고 있다. 성경이 숨을 쉬고 있기에 성경을 읽는 사람에게는 변화가 있고, 성경을 읽는 사람은 성경의 생기를 얻어 생기 있는 삶을 살게 되는 것이다. 그래서 성경을 읽는 사람은 삶의 태도가 달라지며 생명이 주는 힘을 가지게 되는 것이다. 하나님의 숨이 성경의 모든 말씀을 살아 있는 말씀이 되게 한다.

맥스 루케이도(Max Lucado)는 성경이 하나님의 감동으로 된 것이라는 몇 가지 이유를 이렇게 설명한다. 첫째는 놀랄 정도로 일관된다. 서로 모르는 40명의 저자가 1,600년이라는 긴 시간 속에서 완벽히 일맥상통한 책을 써낸다는 것은 불가능하다. 둘째는 놀랄 정도로 오래간다. 성경은 수많은 번역자가 최소한 120개 언어로 번역하였다. 성경을 불태우고 금서로 지정하고 핍박하고 조종(弔鐘)을 수없이 울렸지만 여전히 살아 있다. 셋째는 놀랄 정도로 예언이 정확하다. 성경에는 그리스도의 삶에 관한 300개 이상의 예언이 포함되어 있는데 놀랍게도 완벽하게 이루어졌다. 또한 이것들은 모두 그분이 태어나기 최소한 400년 전에 쓰였다.

문학이나 예술 등에도 영감(靈感)이 필요하다. 작가들은 특별한 장소나 계기를 통하여 영감을 얻어 좋은 작품을 만들어낸다. 그러나 문학이나 예술을 창출하는 영감과 말씀의 영감은 전혀 다르다. 목사가 설교를 할 때도 영감을 얻어야 하는데 그 영감이란 말씀의 힘을 통하여 얻는 것이다. 인문학의 영감과 성경의 영감은 전혀 차원이 다르다. 성경에는 풍성한 영감이 있는데 이는 성경이 하나님의 숨으로 살아 있는 말씀이기 때문이다.

성경은 하나님의 특별 영감으로 기록된 책이다. 그러므로 성경을 통하여 살아 계신 하나님의 존재, 인간의 원죄, 그리스도의 하나님 아들 되심, 그리스도의 죽으심과 구원, 그리스도의 부활, 그리스도의 다시 오심, 우리의 부활과 영원한 생명, 하나님의 나라 등 모든 것을 알 수 있다. 인간의 논리로 설명할 수도 이해할 수도 없는 일들을 성경을 통하여 알 수 있는 것은 성경의 영감 때문이다.

성경이 영감으로 된 말씀이므로 그 말씀을 통하여 믿음을 얻으며 말씀의 진실성을 안다. 성경에 '부자와 나사로'라고 이름한 비유가 있다. 부자는 매일 호의호식하며 살았고, 나사로라는 거지는 그의 대문 앞에 버려져 있었다. 두 사람이 다 죽어 거지 나사로는 아브라함의 품에 안기게 되었고, 부자는 음부에서 고통을 당하고 있었다. 부자는 멀리 아브라함과 그의 품에 있는 나사로를 보고 아브라함에게 나사로를 보내어 손가락 끝에 물을 찍어 자신의 혀를 서

늘하게 해 달라고 부탁하였다. 그러나 아브라함은 거절하였다. 서로가 보고는 있지만 그 사이에 큰 구렁텅이가 있어 오갈 수가 없다고 하였다.

부자는 다시 나사로를 자신의 집에 보내어 다섯 형제에게 고통 받는 이곳에 오지 않게 해 달라고 하였다. 그때 아브라함은 "그들에게 모세와 선지자들이 있으니 그들에게 들을지니라"라고 하였다. 부자는 자신의 형제들이 모세와 선지자 즉 성경을 보고 깨달을 자들이 아니며 죽은 자가 그들에게 가야 회개할 것이라고 하였다. 아브라함은 "모세와 선지자들에게 듣지 아니하면 비록 죽은 자 가운데서 살아나는 자가 있을지라도 권함을 받지 아니하리라"라고 하였다. 모세와 선지자는 구약을 지칭하는 말이다.

이 비유는 굉장히 중요한 몇 가지를 가르치고 있다. 첫째는 인간은 죽은 후에 낙원과 음부에 나누어진다. 둘째는 낙원과 음부에 나누어진 후에는 다시 낙원에서 음부로, 음부에서 낙원으로 왕래할 수 없다. 셋째는 음부는 잠시도 견딜 수 없는 불의 고통이 있으며, 물 한 방울이 귀할 만큼 뜨거운 곳이다. 넷째는 회개는 말씀을 통하여 가능한 것이며, 최고의 기적적 현상을 본다고 가능한 것이 아니다. 하나님의 말씀을 믿지 못하면 죽은 자가 살아나는 기적을 보아도 결코 믿을 수 없다. 성경이 가르치는 기적은 현상을 통하여 믿는 것이 아니라 말씀을 통하여 믿는 것이다. 기적은 말씀 속에 살아 있다.

성경은 다른 일반적 책이나 신문과 같은 글자를 사용하지만 하나님의 숨이 그 속에 있기에 살아 있고 영원한 생명이 그 안에 있다. 예수님께서 보리떡 다섯 개와 물고기 두 마리로 오천 명을 먹이신 다음에 생명의 떡에 대한 말씀을 일러주셨다. 배부르게 하는 떡이 아니라 하늘에서 내려온 떡인 예수님을 먹고 마시면 영원히 산다는 영적 의미를 말씀하신 것이다. 떡을 먹은 사람들은 그 말씀을 듣고 실망하여 뿔뿔이 다 흩어졌다. 그렇게 많은 사람이 함께 떡을 먹었지만 생명의 떡을 알지 못하였고, 예수님이 생명의 떡이며 영원히 사는 떡인 것을 알지 못하였다.

군중이 다 흩어진 다음 예수님은 제자들에게 "너희들도 가려느냐?"라고 물으셨다. 그때 베드로가 "주여 영생의 말씀이 주께 있사오니 우리가 누구에게로 가오리이까"(요 6:68)라고 대답하였다. 베드로는 영생의 말씀을 알고 있었고, 영생의 말씀이 예수님이신 것을 알고 있었고, 다른 곳에는 영원한 생명의 말씀이 없다는 것을 알고 있었다.

위대한 소설 《벤허》의 작가 류 월리스(Lew Wallace)는 하나님의 존재를 믿지 않고 성경을 부인하던 사람이었다. 그는 성경이 오류라는 것을 증명하기 위하여 많은 자료를 수집하였고 마지막으로 성경을 부정하게 위하여 성경을 한 번 읽어보고 성경을 부정하는 글을 쓰기로 하였다. 그리고 성경을 읽는 가운데 마음의 감동을 느끼고 성경을 믿게 되고 그리스도가 구주인 것을 고백하게 되었다.

그리고 성경을 부인하는 글을 쓰려고 하던 그가 성경이 하나님의 말씀인 것을 시인하는 소설을 쓰기 시작하였다. 이 소설이 바로 1880년에 출판된 《벤허》이며 원래 제목은 《벤허-그리스도의 이야기》(Ben-Hur: A Tale of the Christ)이다. 성경을 반대하는 글을 쓰려고 하던 그가 성경을 읽는 가운데 감동을 받고 성경과 그리스도의 변증가가 된 것이다.

프랑스의 철학자 볼테르(Voltaire)는 "성경과 기독교는 백년이 못 가서 없어질 것이다"라고 하였다. 그는 1778년에 죽었는데 그가 죽고 200년 후에 그의 집은 프랑스성서공회 건물이 되어 성경으로 가득하다고 한다. 이사야 40장 8절에는 "풀은 마르고 꽃은 시드나 우리 하나님의 말씀은 영원히 서리라"라고 했다. 하나님의 말씀이 영원히 서는 까닭은 영생하는 하나님의 숨결이 있기 때문이다.

세상에 성경 외에 영원한 생명을 주며, 삶을 이끌어줄 힘을 주는 책이나 글이 있나? 인간에게 생명을 주며 힘을 주는 책은 성경 외에 아무것도 없다. 세상에도 삶에 유익한 소설이나 수필이나 시나 금언집이 많이 있다. 그러나 영원한 생명을 주며 영혼을 유익하게 하는 책은 세상에서 찾을 수 없다. 오직 성경만이 영혼과 육체를 건강하고 유익하게 만든다.

우리나라에서는 매년 월간지 등 계절지를 제외한 단행본만 약 6만 권이 출판되고 있다. 이렇게 많은 책이 출판되지만 정작 그리스도인에게 읽기를 권할 만한 책은 그리 많지 않다. 특히 흔히 잡지(雜誌)라고 말하는 책들이 엄청나게 많다. 여성지나 시사지 등을 보면 우리가 꼭 알아야 할 것이 아닌 내용들이 수두룩하다. 오히려 영혼에 해를 주는 글도 쉽게 찾을 수 있을 만큼 매달 쏟아져 나온

03_ 오직 성경(Sola scriptura)

다. 잡지는 보지 않는 것이 순전한 영혼을 위하여 좋다. 왜냐하면 잡지는 잡(雜)스러운 책이기 때문이다. 인기인들이나 정치가들의 뒷이야기는 우리의 영혼에 아무 유익을 주지 못하고 오히려 병들고 망하게 한다.

이사야 34장 16절에는 "너희는 여호와의 책에서 찾아 읽어보라 이것들 가운데서 빠진 것이 하나도 없고 제 짝이 없는 것이 없으리니 이는 여호와의 입이 이를 명령하셨고 그의 영이 이것들을 모으셨음이라"라고 한다. 이 구절을 앞선 절의 동물들을 일컬어 모든 동물들에게 하나님이 짝을 만드셨고 짝이 없는 것이 없다고 해석하기도 한다.

그러나 전체적인 맥락은 이사야가 예언한 말씀이며, 성경 전체를 말하는 것이라고 해석한다. 성경의 말씀들은 짝이 있다. 구약의 말씀은 신약에 짝이 있고, 신약의 말씀은 구약에 짝이 있다. 성경을 가장 바르게 해석하는 것은 성경이다. 구약 전체에 그 말씀의 내용들이 하나님의 말씀이라는 것이 흐르고 있다.

구약에는 "여호와께서 말씀하시기를", "여호와께서 명하시기를", "여호와의 말씀이니라" 등의 표현이 구약에서 3,808회나 나올 만큼 성경이 하나님의 말씀임을 성경 스스로 증거하고 있다. 구약의 저자들은 이 책들이 조금도 자신들의 글이나 생각이 아님을 확실하게 기록하고 있다. 그런 의미에서 아우구스티누스는 "신약은 구약 속에 잠재해 있고, 구약은 신약에 드러나 있다"라고 하였던 것이다.

아우구스티누스는 성경의 권위를 가장 높인 학자 중의 하나이다. 그는 "성경이 성경을 해석하게 하라"라고 하였다. 성경에서 성경의 짝을 찾아야 한다. 이런 성경 해석이 하나님께서 성경 말씀에 짝을 주신 이유이다. 이런 성경관을 계승한 종교 개혁자들이 확고하게 가진 성경의 해석 원리를 '신앙의 유비'(analogy of faith)라고 한다. 이 원리는 성경이 성경을 해석한다는 말이다. 이는 성경은 하나님의 말씀으로 성령의 감동을 받은 말씀이며, 그러므로 성경 전체가 하나의 통일성과 일관성을 가지고 있다는 확신에서 나온 원리이다.

바르트는 '한 손에 성경, 다른 손엔 신문'이라고 하여 세상을 살아가는 지혜와 세상을 이기는 힘이 성경에 있음을 가르쳤다. 현대 미국의 영성가인 리처드 포스터는 "이 형태의 묵상은 한 손에는 성경을, 한 손에는 신문을 가지고 있을 때 가장 잘할 수 있다"라고 하였다. 성경은 세상을 보는 눈이다. 성경을 통하여 세상을 보아야 가장 명확한 해답을 얻을 수 있다.

세상을 향한 눈을 닫고 성경을 문자적으로만 보는 사람은 성경 숭배(bibliolatry)에 빠질 위험이 있다. 성경 숭배에 빠진 사람은 복음적이고 순결한 듯이 보이지만 근본주의(fundamentalism)에 빠져 스스로 관용성을 상실하고 독선적이며 율법적으로 변해 버린다. 이런 자들은 자신의 선지식과 전이해를 좀처럼 바꾸지 않아 바리새인처럼 되고 만다.

히브리서 4장 12절에는 "하나님의 말씀은 살아 있고 활력이 있어 좌우에 날선 어떤 검보다도 예리하여 혼과 영과 및 관절과 골수를 찔러 쪼개기까지 하며 또 마음의 생각과 뜻을 판단하나니"라고 한다. 하나님의 말씀은 살아 있는 말씀이다. 살아 있기에 활력이 있고 사람을 변화시키고 생각과 뜻을 판단한다. 그래서 성경을 읽는 사람은 판단력을 가지게 된다. 옳고 그름을 알고 의롭고 불의한 것을 알고 바르게 살아가게 한다.

베드로전서 1장 23절에는 "너희가 거듭난 것은 썩어질 씨로 된 것이 아니요 썩지 아니할 씨로 된 것이니 살아 있고 항상 있는 하나님의 말씀으로 되었느니라"라고 한다. 사람이 거듭나는 것은 하나님의 말씀으로 말미암아 되는 것이다. 하나님의 말씀을 보고 듣는 사람은 거듭나게 된다. 즉 하나님의 말씀을 통하여 그리스도를 믿게 되고 믿음으로 구원을 받게 되는 것이다.

바울과 실라가 베뢰아에 가서 유대인의 회당에서 말씀을 가르쳤다. 성경은 "베뢰아에 있는 사람들은 데살로니가에 있는 사람들보다 더 너그러워서 간절한 마음으로 말씀을 받고 이것이 그러한가 하여 날마다 성경을 상고하므로"(행 17:11)라고 한다. 마음이 너그러운 사람들이 성경을 간절한 마음으로 받아들인다. 마음이 편협한 사람들은 좁은 마음으로 성경을 판단하고 마음의 문을 열지 않으므로 말씀을 받아들이지 못한다.

바울이 빌립보에 갔을 때에 안식일에 기도할 곳을 찾으려고 강가로 나갔다가 많은 여인들을 만나 말씀을 전하기 시작하였다. 많은 여인들에게 말씀을 전하였지만 주께서는 루디아라고 하는 한 여인의 마음을 열어 바울이 전하는 말씀을 듣고 따르게 하였다.

마음을 열어야 말씀이 귀에 들리고, 마음에 자리하게 된다. 그리고 하나님의 말씀을 들을 수 있도록 마음을 여는 것은 주께서 하시는 역사이다.

말씀을 들은 자들의 반응은 천차만별이다. 예수님께서 승천하신 다음 오순절에 예루살렘 다락방에 모인 제자들에게 성령이 강림하였고, 베드로는 영문을 알지 못하고 서로 "어찌 된 일이냐?"라고 하던 사람들에게 "유대인들과 예루살렘에 사는 모든 사람들아 이 일을 너희로 알게 할 것이니 내 말에 귀를 기울이라"(행 2:14)고 하였다. 베드로를 통해 말씀을 들은 사람들은 마음에 찔려 베드로와 다른 사도들에게 "형제들아 우리가 어찌할꼬"라고 하였다(행 2:37). 말씀을 바르게 들으면 회개하기 마련이다.

반면에 은혜와 권능이 충만한 스데반이 큰 기사와 표적을 행하고 지혜와 성령으로 말하는 것을 감당하지 못하고 시기한 사람들이 스데반을 고소하여 공회에 넘겼다. 스데반은 공회 앞에서 예수 그리스도에 대하여 긴 설교를 하였다. 스데반의 설교를 들은 대제사장과 유대인들은 그들이 그리스도를 십자가에 못 박은 일로 마음에 가책을 받았다.

그들은 말씀을 듣고 마음에 찔려 스데반을 향하여 이를 갈고(행 7:54), 듣지 않으려고 귀를 막고(행 7:57) 스데반을 성 밖으로 내치고 돌로 치게 하였다(행 7:58). 양심에 가책을 느끼고 마음에 찔렸으면 회개하면 될 일을 그들은 오히려 귀를 막고 듣지 않으려고 애썼고 스데반을 돌로 치는 더 악한 죄를 저지르고 말았다. 말씀을 마음에 허용하지 못하는 편협함이 얼마나 큰 죄악인가를 여실히 보여준다.

예수님은 "사람에 대한 모든 죄와 모독은 사하심을 얻되 성령을 모독하는 것은 사하심을 얻지 못하겠고"(마 12:31)라고 하셨다. 성령을 모독하는 죄는 용서받지 못한다고 하신다. 이전 성경인 '개역한글 성경'에는 "성령을 훼방하는 것"이라고 한다. 성령을 훼방하는 죄, 모독하는 죄가 무엇일까? 어떤 이는 예배 방해죄가 성령을 모독하는 죄라고 한다. 그러나 예배 방해가 아니라 그 이상으로 예수 믿는 자들을 잡아 가두고 죽이는 일에 앞장섰던 바울도 용서를 받았다.

성령은 회개하게 하는 영이시다. 성경은 "이와 같이 성령도 우리의 연약함을 도우시나니 우리는 마땅히 기도할 바를 알지 못하나 오직 성령이 말할 수 없는 탄식으로 우리를 위하여 친히 간구하시느니라"(롬 8:26)라고 한다.

회개하게 하는 영인 성령을 모독한다는 것은 회개하지 못하게 방해하는 것을 말한다. 간단하게 말하면 회개하지 않은 죄는 용서받지 못한다는 뜻이다. 스데반의 설교를 들은 대제사장과 유대인들은 분명히 마음에 가책을 받았지만 이를 갈고 큰 소리를 치고 귀를 막은 것은 회개할 수 있는 기회를 상실한 것이고, 회개하게 하시는 성령의 역사를 훼방하고, 성령을 모독하는 행위였다. 이런 죄는 결코 용서를 받을 수 없는 것이다.

한국 교회는 다른 나라의 기독교 전래와는 다른 독특한 점이 있다. 한국 천주교회와 개신교회는 다분히 자생적 성격이 있다. 천주교회는 선교사들이 한국에 천주교를 전래한 것이 아니라 김대건, 이승훈 등이 북경에 가서 천주학을 배워 한국에 전래하게 되었다. 또한 개신교회도 선교사들이 들어와 전래한 것이 아니라 선교사가 땅을 밟기 전 1882년에 성경이 이 땅에 들어와 있었고, 1883년에 이미 황해도 장연군에 소래교회가 세워졌다. 외국 선교사가 아닌 한국인에 의해 이 땅에 세워진 자생 교회였다. 한국 교회의 성장에는 한글 성경의 전래가 중요한 한 요인이었다.

20세기 기적이라 일컫는 헬렌 켈러는 보지 못하고, 듣지 못하고, 말하지 못하는 삼중고를 가진 위인이었다. 그녀는 "나에게 잃어버린 세계를 되찾게 한 것은 책의 힘입니다. 그중에서도 내가 가장 애독하는 것은 성경이에요"라고 하였다. 그녀를 위대하게 만든 것은 성경의 힘이었다. 소녀 시절부터 그녀는 용기와 기쁨을 얻기 위해 성경을 읽었다. 얼마나 성경을 많이 읽었던지 점자가 닳아 문드러졌다고 한다.

성경은 그녀의 전 생애에 지침이 되고 위안이 되었고, 삼중고의 절망에서 불굴의 정신으로 희망을 갖게 한 것이다. 성경을 통하여 체험한 하나님의 숨결과 성경을 통하여 얻은 성령의 감동이 삼중고의 고통도 거뜬히 이기게 하였다. 성경은 성령의 감동을 받아 기록한 하나님의 말씀으로, 읽는 이들이 이 말씀을 통하여 하나님의 무한하신 사랑과 능력을 소유하게 된다.

국제기드온협회는 성경을 반포하면서 전도하는 단체다. 회원들은 성경을 호텔, 학교, 병원, 군대 등에 전달하는 사명을 가지고 열심히 성경책을 전달한다. 성경책 한 권을 통하여 변화된 사람은 헤아릴 수 없을 만큼 많이 있다. 성경을 읽으며 변화된 사람들 가운데는 목사, 사모, 교사, 사업가가 된 이들이 성경이 살아 계시는 하나님의 말씀이며 우리 영혼에 감동을 주는 책이라는 사실을 증거한다.

기드온협회를 위하여 많은 교회들이 협력하고 헌금을 한다. 기드온협회는 교회들의 헌금으로는 성경을 제작하는 일에만 쓴다. 회의비나 그 외의 모든 재정은 자신들의 회비로 감당한다. 이런 회원들의 철저한 의식과 사명이 한 권의 성경을 통하여 수많은 사람들이 변화되게 만드는 힘인 것이다.

"청교도들은 한 책만을 읽는다. 그 책은 곧 성경이다"라는 말이 있다. 성경에는 세상을 살기에 필요한 지식과 지혜가 있다. 성경 한 권만으로도 세상을 살기에 충분하다는 것을 의미한다. 하나님의 감동으로 된 성경은 "교훈과 책망과 바르게 함과 의로 교육하기에 유익한"(딤후 3:16) 책이다. 성경은 우리 영혼과 육체의 교과서이다. 성경 속에는 온갖 교훈이 있으며, 잘못한 일에 대한 책망이 있으며, 비뚤어진 삶과 영성을 바르게 하며, 의로 교육하는 지침이 있다. 성경은 어느 한 부분이 아니라 전인교육 지침서이다. 그래서 성경을 읽는 사람은 지식이 쌓이며 지혜가 풍성해지며 영적으로 강건해지는 법이다.

1960년대 미국의 성공회 신부이면서 윤리학자인 플레처(Joseph

Fletcher)는 '상황 윤리'(Situation Ethics)를 발표했다. 그는 기존 윤리의 옳고 그름, 선과 악의 표준을 인정하지 않고, 선과 악은 상황에 따라 결정된다고 하였다. 인간의 삶의 공간에는 경직된 율법적 표준으로 판단하기 어려운 중간 지대, 회색 지대(The gray area)가 있다고 하였다. 그 표준은 동기가 사랑이냐 아니냐에 두는 것이라고 하였다. 플레처는 사랑만이 유일한 선이요, 유일한 규범이므로 사랑은 모든 수단을 정당화한다고 하였다.

그러나 성경이 말하는 윤리는 상대적인 표준이 아니라 절대적인 표준에 따른 것이다. 인간의, 특히 그리스도인의 윤리의 표준은 절대적인 가치를 지닌 하나님의 말씀이지 상황에 있지 않다. 성경은 기록될 그 당시나 수천 년이 지난 지금이나 절대로 변할 수 없는 절대 가치를 가진 하나님의 말씀이다. 왜냐하면 하나님께서 상황에 따라 변하는 분이 아니시기 때문이다.

성경으로 자녀를 양육할 때 얻는 다섯 가지의 큰 유익이 있다고 한다. 첫째는 어려서부터 자녀에게 성경을 가르침으로 그 아이는 믿음을 갖게 되고 결국 구원받게 된다. 둘째는 성경을 통해 자녀는 하나님을 사랑하는 것이 인생의 최고 목표임을 교훈으로 얻게 된다. 셋째는 부모는 성경을 통해 아이의 죄 된 행위를 책망하고 아이는 고침을 받게 된다. 넷째는 바로 이 책망의 과정을 통해 부모는 말씀으로 아이를 바르게 할 수 있다. 다섯째는 부모는 성경을 가르침으로 아이가 의로운 삶을 살 수 있도록 도울 수 있다. 즉, 믿음과 삶이 하나 되는 참된 믿음의 소유자가 된다는 의미이다.

03_ 오직 성경(Sola scriptura)

월남 이상재 선생은 필자가 시무하던 연동교회의 교인이었고 훌륭한 민족 지도자였다. 그가 독립운동에 헌신하고 있을 때 친일파 사람들이 그를 매수하려고 돈뭉치를 들고 왔다. 그 중의 한 영향력 있는 신문 기자가 돈뭉치를 선생에게 내밀면서 "선생님, 이 돈으로 시골로 내려가서 편히 사시지요"라고 하였다. 그는 단호하게 돈을 거절하며 밀어내면서 "여보시오, 나는 돈으로 사는 자가 아니오. 나는 말씀으로 삽니다"라고 하였다.

기자는 당황한 기색을 하며 "인도의 래리 허타도는 백 세를 산다고 했고, 영국의 누구는 얼마 동안을 산다고 장담했는데 선생님께서는 몇 살이나 사시겠습니까?"라고 하였다. 선생은 "이 사람아, 사람이 한 번 태어났으면 영원히 살지 죽긴 왜 죽나?"라고 응대하였다. 기자가 다시 "진시황은 불사약을 구해 먹었어도 결국 죽었는데 무슨 불사약이라도 잡수셨습니까?"라고 하였을 때 선생은 "그래 먹었지, 너희 일본 천황이 먹지 못한 것을 나는 먹었지. 나는 영생 불사약을 먹었기에 나는 죽지 않고 살아서 일본이 말하는 것을 볼 거야"라고 하였다.

기자는 "그 불사약이 뭡니까?"라고 물었고, 선생은 "불사약은 바로 이 성경 하나님의 말씀이다. 나는 이 말씀을 믿고 산다. 이 말씀을 믿으면 죽지 않고 영원히 산다. 죽어도 다시 살아나고 부활한다"라고 하였다. 그와 같이 성경 말씀에 확고한 믿음을 가진 자가 어떤 권력 앞에서도 굴하지 않고 당당할 수 있는 것이다.

미국의 존 워너메이커는 '백화점왕'이란 별명을 가진 그리스도인이었다. 그는 곳곳에 YMCA를 세워 기독교 문화를 전하였고, 30대에 백화점 회장이 되었다. 그는 어떤 부와 명예보다도 주일 성수와 교회 사역을 우선한 사람이었다.

그가 어릴 때 다니던 교회당이 낡고 마당이 포장이 되어 있지 않아 비만 오면 진흙탕이 되었다. 그는 자신이 다니던 벽돌 공장에서 받을 돈의 일부를 떼어 벽돌을 한 장씩 사서 교회 마당을 포장하기 시작하였다. 이 사실을 본 목사님과 교인들이 감동을 받아 교회 마당뿐만 아니라 교회 건물을 새롭게 건축하기 시작하였다. 그가 회장일 때에 백화점 직원들이 현실적인 제안을 하였다. 주일에 백화점 문을 열어 돈을 많이 벌자는 것이었다. 그는 직원들에게 단호하게 "나는 하나님의 날을 세상 재물과 바꾸고 싶지 않다"라고 거절하였다.

미국의 23대 대통령인 해리슨이 그에게 체신부장관을 제안하였다. 그런데 그는 매 주일마다 주일 학교 교사로 아이들을 가르치고 있었고 주일을 성수하지 못한다면 장관직을 허락할 수 없다고 거절하였다. 이 사실을 안 기자가 "장관직이 주일 학교 교사보다 못합니까?"라고 묻자, 그는 "장관직은 잠시 나의 부업이지만 주일 학교 교사는 나의 본업입니다. 주일은 나의 날이 아니라 주님의 날입니다. 교회에서 가르치고 봉사하는 일은 나의 최고의 기쁨이자 나의 특권입니다"라고 답하였다.

그는 결국 주일을 성수하는 조건으로 장관직을 수락하였다. 그가 성공한 후에 한 기자가 그에게 "평생 가장 잘한 투자가 무엇입니까?"라고 질문했는데, 그는 "11살 때 2달러 75센트를 주고 산 빨간 가죽 성경이다"라고 답하였다.

초등학교 2학년의 학력, 가난한 벽돌공의 아들이었던 그가 성경에 투자함으로 성공적 삶을 산 것이다. 그렇게 그는 67년 동안 주일 학교 교사로 아이들을 가르쳤고, 세계 곳곳에 YMCA를 건립하였다.

존 워너메이커는 보이지 않는 일에 주목하며 보이지 않는 것에 소망을 두므로 보이는 것까지 다 얻은 땅과 하늘의 성공적 삶을 살게 된 것이다. 그가 이런 풍성한 믿음의 삶을 살게 된 것은 성경 말씀 때문이었고 그가 가장 사랑한 것은 바로 성경이었다.

하나님의 말씀은 하나님의 숨으로 채워진 성령의 검이므로 무한한 힘이 있다. 예수님은 당시에 유대인들, 제사장의 무리와 바리새인 등의 공격을 수없이 받으셨다. 그때마다 예수님은 자신의 말씀은 하나님 아버지의 말씀이며, 자신을 반대하는 것은 하나님 아버지를 반대하는 것이라고 하셨다. 이는 반대자들에게 자신이 구약성경에 미리 예언된 약속의 성취임을 스스로 증명하신 것이다.

복음서, 특히 마태복음에서는 예수님이 하시는 일과 모든 말씀이 구약의 예언자들의 말이 이루어진 것이라고 기록하고 있다. 예수님은 스스로 말씀이신 것과 말씀의 성취인 것을 증거하셨다. 예수님이 당시의 교권주의자들, 성경학자들의 권위와는 다른 권위를 나타내셨는데 성경 자체의 권위였다.

예수님께서 마귀에게 시험을 받으실 때에 말씀으로 물리치셨다. 마귀는 예수님께 "네가 만일 하나님의 아들이어든 명하여 이 돌들로 떡덩이가 되게 하라"라고 하였고, 예수님은 "사람이 떡으로만 살 것이 아니요 하나님의 입으로부터 나오는 모든 말씀으로 살 것이라"라고 하셨다.

다시 마귀는 예수님을 거룩한 성으로 데려다가 성전 꼭대기에 세우고 "네가 만일 하나님의 아들이어든 뛰어내리라 기록되었으되 그가 너를 위하여 그의 사자들을 명하시리니 그들이 손으로 너를 받들어 발이 돌에 부딪치지 않게 하리로다"라고 하였다. 예수님을 시험에 빠트리기 위하여 마귀도 성경을 인용하여 예수님을 시험하였다.

이에 예수님은 "주 너의 하나님을 시험하지 말라 하였느니라"라고 하셨다. 마귀는 세 번째 시험으로 예수님을 높은 산으로 데리고 가서 천하만국과 그 영광을 보이며 "만일 내게 엎드려 경배하면 이 모든 것을 네게 주리라"라고 하였다. 예수님은 "사탄아 물러가라 기록되었으되 주 너의 하나님께 경배하고 다만 그를 섬기라 하였느니라"라고 말씀으로 물리치셨다(마 4:3-10).

예수님은 마귀에게 "기록되었으되"라고 하시어 성경 말씀이 마귀를 물리치실 힘인 것을 말씀하고 있다. 마귀는 언제나 시험한다. 그러나 하나님의 말씀을 늘 묵상하고 준비하는 자에게는 그 시험을 이길 수 있는 힘이 있다. 예수님도 마귀에게 시험을 당하셨다. 마귀에게 끌려 성전 꼭대기와 높은 산으로도 가셨다. 그러나 시험에 빠지지는 않으셨다. 그래서 예수님은 제자들이 기도를 가르쳐 달라고 하였을 때 '주기도문'을 가르치시면서 "시험에 들게 하지 마옵시고"라고 기도하게 하셨다.

시험을 없게 하는 것이 아니라 시험은 있지만 시험에 들지 않는 것이 중요하다. 마귀는 세상 끝 날까지 존재할 것이다. 그리고 우리를 시험할 것이다. 예수님은 마귀의 존재나 마귀의 시험을 없게 해 달라고 기도를 가르치지 않으신다. 시험은 끝날까지 있지만 시험에 들지 않는 것이 기도가 되어야 한다.

그리고 마귀는 항상 우리에게 시험을 쉬지 않는다. 왜냐하면 마귀는 '시험하는 자'이며 시험하는 것이 마귀의 일이기 때문이다. 예수님도 시험한 마귀가 우리를 시험하지 않을 리 없다. 예수님께서 말씀으로 마귀를 이기셨으니 우리도 말씀으로 이기지 못할 마귀의 시험이 없다.

마귀는 시험이 끝나자 예수를 떠나고 천사들이 나아와서 수종 들었다. 마귀의 시험이 영원히 끝나고, 마귀가 예수님을 영원히 떠났다는 뜻이 아니다. 그래서 누가복음에는 "마귀가 모든 시험을 다한 후에 얼마 동안 떠나니라"(눅 4:13)라고 한다. "얼마 동안"이란 말은 마귀는 다시 예수님을 시험할 것이라는 예고나 다름이 없다. 마귀의 시험은 절대로 끝나지 않는다.

더구나 마귀는 하나님의 아들인 예수님께 "네가 만일 하나님의 아들이어든"이란 말로 시험한다. 예수님께서 십자가에 못 박혀 있을 때에 마귀는 다시 지나가던 사람들을 통하여 "성전을 헐고 사흘에 짓는 자여 네가 만일 하나님의 아들이어든 자기를 구원하고 십자가에서 내려오라"(마 27:40)라고 시험한다. 40일을 금식하신 후에 가장 힘이 드실 때에 제일 절실했던 떡을 만들라고 시험했던 마귀는 얼마 동안 떠났다가 다시 예수님께서 가장 고통스러우실 때에 나타나 가장 절실하게 벗어나고 싶을 십자가의 고통을 스스로 면하라고 시험한 것이다.

그리스의 작가 니코스 카잔차키스(Nikos Kazantzakis)는 그의 소설 《최후의 유혹》에서 십자가에서 하나님의 아들로 당하는 이 시험을 최후의 유혹이라 한다. 예수님을 끝까지 집요하게 시험했던 마귀는 우리에게도 시험을 잠시도 멈추지 않을 것이다. 마귀의 끊임없는 시험을 이길 수 있는 비장의 무기는 말씀이다. 말씀만이 시험을 이기게 한다.

교회의 본질적 사명 세 가지는 '케리그마'(kerygma)와 '코이노니아'(koinonia)와 '디아코니아'(diakonia)이다. 그 외에 교회의 사명과 기능은 교회 안팎에 교회의 존재 이유와 가치를 성취하기 위한 수단으로 다양하지만 이 세 가지가 기본적인 사명이라고 한다. '케리그마'란 하나님의 말씀을 선포하는 기능이며, '코이노니아'는 하나님의 말씀의 내적 기운이며, '디아코니아'는 하나님 말씀의 외적 작용이다.

다시 말하면 교회의 사명은 중심에 말씀이 있다는 것이다. 말씀을 선포하는 것이나 말씀이 교회 안팎에 작용하는 것이 교회의 사명이다. 말씀을 떠나서는 어떤 것도 교회의 사명이 될 수 없으며 말씀이 없으면 교회도 없다. 그러므로 교회는 예배뿐만 아니라 어떤 계획이나 프로젝트도 '성경이 무엇이라 말하고 있나?'를 항상 물어보아야 한다. 말씀에 충실한 것이 교회의 첫째 가치이며, 그리스도인의 참된 모습이다.

2.
성경의 역할은
구원의 지혜를 주는 것이다

디모데후서 3장 15절에는 "성경은 능히 너로 하여금 그리스도 예수 안에 있는 믿음으로 말미암아 구원에 이르는 지혜가 있게 하느니라"라고 한다. 성경은 인간이 죄인인 것을 가르쳐준다. 성경은 하나님이 사랑의 아버지이신 것을 가르쳐준다. 성경은 하나님이 그의 아들을 우리의 구원자로 세상에 보내신 것을 가르쳐준다. 성경은 그 아들 예수 그리스도가 죄인을 구원하심을 가르쳐준다. 성경은 구원을 받은 우리가 하나님의 나라에서 영원히 사는 것을 가르쳐준다.

성경에는 온갖 지혜가 넘치지만 구원에 이르는 지혜를 가르쳐준다. 구원에 이르는 지혜는 세상의 어떤 책에서도 알 수 없는 성경만이 주는 지혜이다. 성경에는 지혜라는 말이 수없이 등장한다. 특히 잠언서의 주제는 지혜이다. 성경은 여러 말로 지혜를 설명하고 지혜를 얻기를 권하고 있다. 그런데 지혜를 여러 가지 말로 해석할 수 있지만 가장 쉬운 해석은 지혜는 분별력이라고 할 수 있다.

성경은 사람들에게 분별력을 준다. 옳은 것과 그른 것, 할 것과 하지 말 것, 먹을 것과 먹지 말 것, 갈 곳과 가지 말 곳, 만날 사람과 만나지 말아야 사람 등 성경은 분별력을 가지게 한다. 분별력을 가진 사람은 이런 것에서 선택할 수 있는 분별력을 가진다. 이것이 지혜이다. 성경이 주는 가장 큰 지혜는 구원에 이르는 지혜이다.

세상에는 훌륭한 책들이 넘친다. 인류 문명을 성장하게 하는 명작이나 고전들이 있고, 노벨 문학상을 받은 작품들이 인간의 사고와 삶을 윤택하게 향상하게 하기도 한다. 좋은 책이 좋은 사람을 만들고, 책을 읽는 사람은 책을 만드는 사람보다 지식과 삶의 지혜가 풍성해진다. 그러나 아무리 좋은 명작도 명작을 보고 구원 받은 사람은 없다. 인간의 인격이나 지식에 도움은 주지만 구원을 얻는 것은 성경을 통해서만 가능하다.

성령 강림은 성경에서 중요한 사건이며, 교회 역사에서 그리고 개인의 신앙생활에서 중요한 사건이다. 성경은 성령 강림을 두 곳에서 말하고 있다. 사도행전 2장의 예루살렘 성령 강림과 사도행전 10장의 가이사랴 성령 강림이다. 사도행전 2장에는 바람 같은 성령이 온 집에 가득하였고, 불의 혀같이 갈리지는 성령은 각 사람 위에 임하였다. 바람 같은 성령은 성령의 보편성을 말하며, 불의 혀같이 갈라지는 성령은 성령의 특수성을 말한다.

사도행전 2장에서 성령 강림의 조건은 기도이다. 예루살렘 다락방에서 120명의 제자들이 기도하는 가운데 성령께서 강림하셨고 성령 강림의 현상은 방언이었다.

사도행전 10장에서 성령 강림의 조건은 말씀이다. 가이사랴의 백부장 고넬료는 환상 가운데 베드로를 청하라는 말씀을 듣고 두 명의 경건한 종들을 보내어 베드로를 초대하였다. 그 시간 베드로는 환상 가운데 구약에서 먹지 못하게 금지한 부정한 짐승을 보여주시며 먹으라고 하였고 베드로가 거절하자 하나님께서 깨끗하게 하신 것을 더럽다고 하지 말라고 하셔서 이방인의 초대를 허락하게 하셨다.

베드로가 고넬료의 집에 가서 그 집에 모인 사람들에게 말씀을 전하는 가운데 성령께서 강림하셨다. 베드로는 성령을 받은 사람들에게 세례를 받게 하였다. 이 사건을 학자들은 '가이사랴의 오순절'이라는 별명을 붙였다.

성령 강림은 기도와 말씀을 통하여 가능하다. 기도를 통하여 성령을 체험할 수 있으며, 말씀을 통하여 성령을 체험할 수 있다. 사도행전의 성령 강림은 기도와 말씀을 통하여 각각 다른 시간과 환경에서 경험하였지만 사실 기도와 말씀은 어느 한쪽에 치우치지 말고 성령의 체험에 공존하여야 한다. 기도와 말씀이 함께 필요한 것을 영성가들은 이렇게 정의한다. 기도하지 않고 말씀만 보면 이성주의에 빠지고, 말씀을 보지 않고 기도만 하면 신비주의에 빠진다고 한다. 이성과 신비는 하나님께서 인간에게 주신 특수한 은사이지만 신비주의와 이성주의는 인본주의이며, 기독교는 아니다.

아우구스티누스의 회심은 잘 알려져 있는 역사적 사건이다. 흔히 아우구스티누스가 어머니 모니카의 기도로 회심하였다고 한다. 틀린 말은 아니다. 그러나 꼭 맞는 말도 아니다. 아우구스티누스가 주후 386년 32세에 극적인 회심의 동기를 맞이하였다. 그는 성경을 읽는 동안 "접어들고서 읽어라, 접어들고서 읽어라"라는 음성을 듣게 되고 성경을 펴 읽기 시작하였다. "낮에와 같이 단정히 행하고 방탕하거나 술 취하지 말며 음란하거나 호색하지 말며 다투거나 시기하지 말고 오직 주 예수 그리스도로 옷 입고 정욕을 위하여 육신의 일을 도모하지 말라"(롬 13:13-14)는 구절을 읽고 마음의 의심이 사라졌다고 한다(고백록 8권 12장).

아우구스티누스의 회심은 기도와 말씀을 통하여 이루어졌다. 어머니 모니카의 기도가 그의 회심에 도움을 주었고, 그리고 그 자신이 말씀을 통하여 회개하고 과거의 깊은 수렁에서 헤어날 수 있었다. 신플라톤주의와 마니교 등 인본주의에 빠져 있던 아우구스티누스는 성경이 얼마나 자신에게 큰 충격과 영향을 주었는가를 《고백록》에서 이렇게 말한다. "신플라톤주의자들의 책에는 이런 내용들이 나오지 않습니다. 그리고 그러한 경건의 모습, 고백의 눈물, 주님의 희생, 몹시 괴로워하는 심령, 통회하고 자복하는 마음, 주님의 백성들의 구원, 주님의 신부인 도성, 성령의 보증, 우리의 속량을 위한 잔도 그 책들에는 나오지 않습니다"(고백록 7권 21장).

신약에서 최초로 교회의 일꾼을 선택하는 장면이 사도행전에 상

세하게 기록되어 있다. 예수님께서 승천하신 다음, 제자들을 통하여 예루살렘에 그리스도인 공동체가 탄생되었다. 초기 그리스도인 공동체는 베드로를 중심으로 이루어졌으며, 성령이 충만한 베드로가 말씀을 전하였을 때 하루에 삼천 명이 회개하고 그리스도인이 되었다.

초기 교회 사도들의 역할 가운데 하나는 과부들을 섬기는 일이었는데 이 일로 말미암아 교회 안에 갈등이 야기되었다. 헬라파 유대인들이 자기들의 과부가 매일의 구제에 소외된다고 하여 예루살렘 공동체의 주류였던 히브리파 유대인인 사도들을 원망한 것이다. 이에 사도들은 회중이 구제에 관한 일을 수행할 일꾼들을 선택하고, 흔히 일곱 집사라고 하는 일곱 사람을 택하여 구제의 직책을 수행하게 하였다.

이 사건을 통하여 중요한 몇 가지 사실을 알 수 있다.

첫째는 히브리파와 헬라파의 반목은 초대 교회의 지역 갈등이다. 우리나라에서 오랫동안 풀지 못하는 지역 갈등은 근래에 발생한 것이 아니라 삼국시대에서 유래한 것이다. 성경시대 또한 지역 갈등은 심각한 시대상이었던 것을 알 수 있다.

둘째는 사람은 문제를 일으키기도 하고 문제를 해결하기도 한다. 초대 교회의 문제는 사람으로 말미암은 문제이다. 그리고 그 문제를 해결한 것은 사람들이다. 문제를 해결하기 위해서는 사람을 잘 세워야 한다.

셋째는 히브리파의 관용이다. 사도들을 중심으로 한 히브리파 유대인들이 당시 예루살렘교회 공동체의 주류였다. 공동체에 문제가 발생하자 헬라파 유대인들의 원망을 해결하기 위하여 교회는 헬라파 유대인 일곱 사람을 세웠다. 스데반, 빌립, 브로고로, 니가노르, 디몬, 바메나, 니골라 일곱 사람은 모두가 헬라파 유대인들이었다. 헬라파 유대인들 사이의 문제는 헬라파 유대인들을 세우므로 쉽게 해결되었다.

넷째는 교회가 목적 지향적 교회가 되었다. 사도들은 갑자기 늘어난 성도들로 인하여 업무가 가중되었다. 기도와 말씀 외에 구제하는 일이 더 많은 시간을 소모하게 만든 것이다. 그리하여 구제하는 일을 일곱 사람에게 맡기고 교회의 목적인 기도와 말씀에 전력하게 되었다. 사도들은 회중에게 "우리는 오로지 기도하는 일과 말씀 사역에 힘쓰리라"(행 6:4)고 하였다. 기도와 말씀은 사도들의 주 업무였다.

다섯째는 공동체 문제는 성장의 계기가 되었다. 문제가 공동체를 쇠퇴하게 한 것이 아니라 성장하게 한 것은 문제 해결의 핵심을 알았기 때문이다. 문제의 핵심을 알고 문제를 해결할 수 있다면 문제는 더 이상 문제가 아니다. 초대 예루살렘 교회 공동체는 문제가 없는 교회가 아니라 문제가 있지만 해결할 줄 아는 공동체였다. 그것은 교회의 목적이며 핵심 가치인 기도와 말씀을 회복하였던 것이다. '목적이 이끄는 교회'는 기도와 말씀이 살아 있는 교회이다.

교회의 목적인 기도와 말씀을 지향하고, 이것이 교회의 핵심 가치가 될 때에 참 교회라고 할 수 있다. 기도와 말씀이 그리스도인의 삶을 이끌게 될 때에 목적 지향적인 참 그리스도인이라 할 수 있다. 그래서 바울은 디모데에게 "하나님께서 지으신 모든 것이 선하매 감사함으로 받으면 버릴 것이 없나니 하나님의 말씀과 기도로 거룩하여짐이라"(딤전 4:4-5)라고 한다. 말씀과 기도는 그리스도인으로 하여금 거룩하게 하며, 모든 것을 선하게 하며, 감사함으로 받게 하는 것이다.

바울은 에베소에 보낸 서신에서 "하나님의 전신 갑주를 취하라"라고 한다. 세상에서 악한 세력을 방어하며 공격할 수 있는 것으로 온몸을 무장하라고 한다. 그가 말한 전신 갑주란 진리의 허리띠, 의의 호심경, 복음이 예비한 신발, 믿음의 방패, 구원의 투구, 성령의 검 곧 하나님의 말씀이라고 한다(엡 6:13-17).

"최선의 공격이 최선의 방어이다"라는 격언이 있다. 아무리 방어를 잘 한다고 하더라도 방어만 가지고는 승리할 수 없다. 전쟁도 마찬가지이다. 방어만 해서는 절대로 이길 수 없고 공격을 해서 점령해야 이길 수 있다. 아무리 든든한 무장을 한다고 하더라도 칼이 없으면 전쟁은 이길 수 없다. 악한 세력을 이길 수 있는 것은 성령의 검이다. 검만이 공격용 무기이다. 세상의 악을 이길 수 있는 공격용 무기는 성령의 검 곧 하나님의 말씀이다.

남아프리카의 목회자 존 드 그루치(John W. de Gruchy)가 영국을 방문하게 되었다. 런던의 히드로 공항에 도착하여 보안 게이트를 지나는데 금속 경고음이 울리는 것이었다. 세관원은 혹시나 하여 목사님의 가방과 소지품을 샅샅이 뒤지기 시작하였다. 다른 아무 무기류를 가지고 있지 않았지만 알고 보니 목사님 성경의 금속 지퍼가 금속탐지에 반응을 보인 것이다. 목사님은 세관원에게 "단지 성경일 뿐이오"라고 하였더니 세관원은 "그렇지만 성경은 매우 위험한 책이 될 수도 있지요"라고 하였다.

성경은 정말 매우 위험한 책이다. 사람을 죽이기도 하고, 살리기도 하는 힘을 가진 것이 성경이다. 성경에는 늘 생명이 달려 있는 것이다. 그리고 성경은 가장 힘 있는 무기이다. 2차 세계대전이 한참일 때 노르웨이의 한 루터교 목사님이 게슈타포에 체포되었다. 그는 취조실로 끌려 들어갔는데 게슈타포는 권총을 꺼내 책상 위에 놓으며 이렇게 말했다. "목사님, 지금 상황이 얼마나 심각한지 보여드리려는 것입니다." 그러자 목사님은 성경을 꺼내 권총 옆에 나란히 두었다. 이에 게슈타포는 "뭐하시는 겁니까?"라고 소리를 질렀고, 목사님은 "무기를 꺼내시기에 나도 따라 했습니다"라고 하였다. 성경은 권총보다 더 무서운 무기이다.

성경에는 가끔 이해하기 힘든 말씀들이 있다. 예수님은 무저항주의를 말씀하셨고, 폭력을 사용하지 않으셨다. 그런데 배반을 당하고 잡히시기 전에 "이제는 전대 있는 자는 가질 것이요 배낭도 그리하고 검 없는 자는 겉옷을 팔아 살지어다"(눅 22:36)라고 하셨다. 이 말씀은 예수님이 돌아가신 후 새로운 환경을 경계하며 스스로 자신을 잘 보호할 것을 가르치신 것이라고 해석한다.

그리고 제자들이 "주여 보소서 여기 검 둘이 있나이다"(눅 22:38)라고 하였을 때에 예수님은 "족하다"라고 하셨다. 예수님은 자신을 지킬 수 있는 검, 즉 그동안 일러주신 말씀으로 잘 무장하라는 말씀인데 제자들은 문자적으로 해석하여 칼을 준비하였다는 것이다. 제자들은 예수님이 승천하시고 성령 강림을 체험하기 전에는 예수님의 말씀을 영적으로 이해하지 못한 경우가 많이 있었다. 하나님의 말씀은 성령의 감동이 있어야 바르게 해석할 수가 있는 것이다.

주의 말씀은 달아야 할 때에 달고, 써야 할 때 쓰다. 단 것은 입에 맛이 있고, 쓴 것은 몸에 약이 되는데 하나님의 말씀이 그러하다. 시편 119편은 말씀이 주제인데 "주의 말씀의 맛이 내게 어찌 그리 단지요 내 입에 꿀보다 더 다니이다"(시 119:103)라고 하여 하나님의 말씀이 한없이 맛이 있는 것을 말한다.

유대인의 가정에서는 하나님의 말씀에 대한 오랜 전승이 있다. 아이들이 태어나 철이 들 무렵이면 성경을 펴놓고 성경 위에 꿀을 떨어트린다. 그리고 아이들이 입을 맞추도록 하는데, 성경이 얼마나 단 하나님의 말씀인가를 가르치기 위한 의식이다.

반면에 요한의 계시를 기록한 요한계시록에는 "내가 천사의 손에서 작은 두루마리를 갖다 먹어 버리니 내 입에는 꿀같이 다나 먹은 후에 내 배에서는 쓰게 되더라"(계 10:10)라고 하여 하나님의 말씀이 달면서 또한 약이 되는 것을 말한다. 단 약은 맛이 있고, 쓴 약은 유익한 것을 가리킨다. 하나님의 말씀이 달면서 쓴 것은 말씀의 맛이며, 우리에게는 단 말씀과 쓴 말씀이 다 필요하며 유익한 것을 말하고 있다.

인간의 죄는 과다한 지식에 대한 욕망에 기인한다. 뱀이 하와에게 "너희가 그것을 먹는 날에는 너희 눈이 밝아져 하나님과 같이 되어 선악을 알 줄 하나님이 아심이니라"(창 3:5)라고 하였다. 하나님께서 먹지 말라고 하신 나무의 열매는 하나님과 같은 지식을 가질 것을 하나님이 아시고 먹지 말라고 하신 것이라는 말을 듣고 하와는 그 열매를 먹고 아담에게도 주었다. 다시 말하면 하나님과 동등한 지식을 가지고 싶다는 욕망을 뱀이 인간에게 주입시켰고 인간은 그 욕망에 빠졌다는 것이다. 지금도 인간은 지식에 대한 욕망이 끝이 없다. 현대의 지식과 과학과 정보는 하나님의 지식의 한계를 넘어 나아가고 있다.

'계몽주의'(Enlightenment)는 세계사에서 인간의 지성이 극대화되는 계기를 제공하는 공헌을 하였다. 계몽(啓蒙)이란 인간의 우둔함을 깨우친다는 뜻이다. 17세기와 18세기 유럽을 중심으로 일어난 계몽주의는 지적 운동으로 인류가 이루어놓은 문화와 문명을 고취하며 인간의 지성을 내세우는 사상이다. 신과 이성과 자연과 인간 등의 개념을 하나의 세계관으로 통합한 사상운동이 계몽주의였다.

인간 지성의 힘으로 자연과 인간의 관계, 사회와 정치의 문제들을 관찰하고 이해하려는 시대정신이었다. 계몽주의의 핵심은 이성이었으며 이성의 힘으로 우주를 이해하고 인간의 상황을 개선하려고 하였다. 이는 인간의 존엄성과 자유권을 강조하여 중세기를 지배한 신학의 독단을 벗어나려는 노력이기도 하였다. 또 지식과 자유와 행복이 합리적인 인간의 목표라고 보았던 것이다.

계몽주의는 신학의 굴레를 벗어나 심리학, 윤리학 등의 근대적인 학문을 탄생시켰다. 그리고 '사회 계약'이라는 새로운 이론을 형성했다. 계몽이란 잠들고 있는 인간에게 이성의 빛을 던져주고 어두움에서 빠져나오게 하려고 하였다. 신학에 대응되는 의미에서 철학을 표현하려고 하였다. 신학보다는 인간의 삶의 실학을 강조하였다. 계몽사상에는 '어떻게 살 것인가'라는 영원의 질문에 '어떻게 행복해질 것인가'라는 현세적 과제가 더해진다.

계몽사상은 18세기 유럽뿐만 아니라 널리 근대 전 세계의 시민사회에까지 영향을 미쳤다. 계몽주의의 학문적 진보 사상은 정치에서 전제주의를 공격하였으며 교회에 대한 공격을 멈추지 않았다. 이런 진보적 사상의 영향은 신학 경향에도 많은 영향을 주었고 합리적이며 논리적인 신학 사상을 추구하는 진보적 신학 사상이 나타나기 시작하였다. 신학의 자유주의적인 경향이 지배하기 시작한 것이다. 그리하여 성경의 권위는 과학의 권위에 의해 추락하고 과학이 만능인 것처럼 과학을 추종하게 되었다.

그러나 지성이나 과학의 발달만으로는 인간은 결코 이상적인 세계를 만들 수가 없다. 과학의 발달은 인간을 편리하게 하지만 인간은 '유토피아'(utopia)가 아니라 유토피아의 반대 개념인 '디스토피아'(dystopia)로 가고 있다고 한다. 그런 의미에서 최첨단 과학이 거침없이 발달하는 이 시대에 다시 철학, 문학, 예술 등 인문학을 연구하고 강좌에 열을 올리고 있는 것이다.

사상과 신학에서 지성의 발달은 영성의 쇠퇴로 이어진다. 지성과 영성은 인간성에 공존해야 함에도 불구하고 지성은 영성을 파괴했다. 마치 영성을 파괴하는 것이 지성이 발달하는 것으로 오인하여 지성적일수록 영성과는 거리를 두게 되었다. 이런 경향은 결국 영성의 쇠퇴를 가속화하고 교회의 쇠퇴를 가져왔다.

지성의 발달이라는 진보적 경향은 하나님의 말씀을 합리적으로 해석하였고, 하나님의 말씀에서 세상을 보는 것이 아니라 세상에서 하나님의 말씀을 보게 되었다. 계몽주의를 통한 지성의 발달과 과학의 진보는 인류를 편리하게 하고, 사회 발전의 매개가 되었지만 하나님의 말씀에 대한 신뢰는 급속도로 추락하였다.

인간은 지식의 대상인 하나님, 세계, 인간 이 세 가지를 보완하려고 신학, 과학, 철학을 발달시켰다. 그런데 이 셋을 하나로 묶어주는 것이 성경이다. 성경에는 하나님, 창조 세계, 인간의 삶, 역사가 기록되어 있다. 성경을 통하여 이 모든 것을 알 수 있다. 성경은 하나님에 대한 신학뿐만 아니라 인간에 대한 철학을 포함하고 있다. 성경은 과학과 괴리 관계인 것처럼 여기지만 사실은 성경이 과학인 것을 많은 과학자들이 발견하였다.

과학의 발전을 성경적으로 이해하지 못하여 교회는 많은 종교적 오류를 범하였다. 아이작 뉴턴(Isaac Newton)은 수많은 과학적 법칙을 발견하고 과학 발전에 크게 공헌했음에도 성경을 과학보다 높이 두었고, 자신이 발견한 이론들은 하나님의 섭리와 원리에 비해 미물에 불과한 것을 알았으며, 자신의 이론들을 통해 사람들이 하나님께 더 가까이 나아가기를 기대하였다.

갈릴레오가 '지동설'을 과학적으로 증명하면서 교회는 큰 혼란에 빠졌다. 이전까지는 지구가 태양의 주위를 회전하는 것이 아니라 태양이 지구의 주위를 회전한다는 그리스의 천문학자 프톨레마이오스가 주장한 '천동설'을 16세기까지 약 1400년 동안 정설로 믿었다. 로마 교회는 갈릴레오가 성경에 위배되는 학설로 혼란하게 한다고 하여 종교 재판에 회부하였고, 교황 우르바노 8세가 직접 재판장이 되어 성경을 펴놓고 재판하였다. 교황이 갈릴레오의 이론이 성경에 위배된다고 하여 직접 인용한 구절은 "여호와께서 다스리시니 스스로 권위를 입으셨도다 여호와께서 능력의 옷을 입으시며 띠를 띠셨으므로 세계도 견고히 서서 흔들리지 아니하는도다"(시 93:1)이다.

1633년 교회 재판은 갈릴레오를 단죄하였고, 그는 파문을 당한 후에 사형이 집행되었다. 갈릴레오가 죽은 후에 지동설이 과학적으로 증명되기 시작하자 교황청은 혼란에 빠졌다. 교황은 어떤 결정을 하든 교황의 행위는 오류가 없다는 '교황무오설' 때문이었다. 교황이 오판을 하여 갈릴레오를 죽였는데 교황은 잘못이 없고, 갈릴레오는 이미 죽었고, 지구가 돈다는 사실은 과학적으로 증명이 되었다.

교황이 혼란에 빠져 있을 때 교황청의 한 추기경이 묘수를 짜내어 교황에게 진언하였다. 교황은 서둘러 이렇게 발표하였다. '이제부터 지구는 돌아도 괜찮다는 허락을 교황으로부터 받았다.' 그리고 지동설의 과학적 증명, 갈릴레오의 죽음, 교황의 잘못 없음, 이 모든 것을 정당화하였다. 이때 파문을 당한 갈릴레오는 1992년 교황 요한 바오로 2세에 의해 비공식적으로 복권되었다.

성경은 과학이다. 과학이란 하나님의 창조 원리를 인간이 실험과 같은 방법으로 검증해서 얻어 낸 자연계에 관한 지식 체계를 말한다. 인간의 논리로 풀이할 수 없는 것들을 성경은 말하고 있고, 현대 과학은 이를 증명하고 있다.

에덴동산에서 하나님께서 인간에게 주신 최초의 먹거리는 열매 즉 과일이었다. 과일은 최고의 먹거리인 것이다. 에덴동산은 하나님이 창조하신 완벽한 공간이었고 하나님의 나라였다. 하나님의 나라는 공간적 개념과 더불어 '하나님의 주권'(the Sovereignty of God)이라고 해석한다. 하나님이 통치하시는 완벽한 나라가 하나님의 나라인 것이다. 그런 의미에서 "하나님이 지으신 그 모든 것을 보시니 보시기에 심히 좋았더라"(창 1:31)라는 에덴은 하나님의 나라인 것이다.

요한계시록 21장과 22장이 묘사하는 곳은 하나님의 나라이다. 하나님의 나라에는 "강 좌우에 생명나무가 있어 열두 가지 열매를 맺되 달마다 그 열매를 맺고 그 나무 잎사귀들은 만국을 치료하기 위하여 있더라"(계 22:2)라고 한다. 생명나무의 열매는 하나님 나라의 먹거리이다. 에덴동산의 열매는 생존을 위한 먹거리이지만 하나님 나라의 먹거리는 생존이 아니라 혼인 잔치의 즐거움을 더해주는 먹거리이다.

최후의 승리자들에게 주시는 보장에는 "이기는 그에게는 내가 하나님의 낙원에 있는 생명나무의 열매를 주어 먹게 하리라"(계 2:7)

라고 하는 열매를 먹는 복이 있다. 하나님의 나라에서 먹거리는 열매이며, 열매는 인간에게 주신 최고의 먹거리임을 말하는 것이다. 성경이 가르치는 식생활은 가장 과학적인 건강의 비법이다.

하나님께서 노아에게 방주를 건조하게 하신다. 하나님께서 일러주신 방주는 길이가 300규빗이며, 너비는 50규빗이며, 높이는 30규빗이었다. 300:50:30이란 조선공학의 기본이며 이 규격대로 배를 건조하면 아주 견고하고 안정감 있는 배가 된다고 한다. 그 외에 하나님은 노아에게 배의 재료와 자세한 설계를 일러주셨고 노아는 하나님의 설계대로 배를 지었다. 성경은 "노아가 그와 같이 하여 하나님이 자기에게 명하신 대로 다 준행하였더라"(창 6:22)라고 한다. 하나님께서 말씀하신 대로 지은 방주는 오랫동안 물 위에서 견딜 수 있는 견고한 배였다.

하나님께서 이스라엘 모든 남자들에게 할례를 받음으로 하나님과 백성들 사이에 언약을 맺으셨다. "너희의 대대로 모든 남자는 집에서 난 자나 또는 너희 자손이 아니라 이방 사람에게서 돈으로 산 자를 막론하고 난 지 팔 일 만에 할례를 받을 것이라"(창 17:12)라고 하셔서 난 지 팔 일 만에 양피를 베어 언약을 삼게 하셨다. 하나님께서 막연하게 팔 일 만에 할례를 받게 하신 것이 아니라 현대과학은 하나님의 특별하신 은총의 날임을 밝히고 있다.

아기가 태어난 지 팔 일째 되는 날은 가장 고통을 모르는 날이라고 한다. 그날에는 양피를 베어도 아기들이 아픈 것을 알지 못한다는 것이다. 그리고 피가 흐르다가 응고되게 하는 '섬유소원'

(fibrinogen)이 분비되는데 가장 많이 분비되는 날이 난 지 팔 일째 되는 날이라고 한다. 하나님은 남자들에게 가장 아프지 않고 피가 가장 빨리 응고되는 날에 할례를 받게 하신 것이다. 그 외에도 성경은 과학 이야기들을 많이 품고 있다. 성경이 과학이기 때문이다.

마르틴 루터는 1517년 95개 반박문을 비텐베르크 성당 문에 내걸면서 면죄부의 거짓을 폭로하며 개혁을 시작하였다. 그는 1521년 보름스 제국회의에 소환을 받고 신성로마 제국의 황제이며 독일 왕이었던 카를 5세에 의해 파문을 당하였다. 당시에 파문이란 공민권을 박탈당하고 사회생활을 할 수 없을 정도로 참혹한 형벌이었고 루터에게는 숙식과 안전을 제공할 수 없도록 하였다. 루터는 그 이상으로 생명의 위협을 받을 정도로 험악한 환경을 맞이하였다.

이 때 바르트부르크의 성주이며 선제후였던 프리드리히 3세가 아이제나흐에서 납치극을 벌여 루터를 보호하여 자신의 성으로 데리고 갔다. 루터는 그 성에서 칩거하면서 융커 외르크(Junker Jorg)라는 가명을 사용하고 수염을 길러 숨어 지내면서 성경 번역에 착수하였다. 당시에 성경은 사제들의 독점물이었으며 히브리어, 헬라어, 라틴어로 기록된 성경을 평신도들은 읽을 수가 없었다. 루터는 독일어로 성경을 번역하여 이듬해인 1522년 9월 독일어 성경을 출판하였다. 이 성경을 '9월 성경'이라 한다.

종교 개혁이 성경으로 돌아가자는 운동이라면 진정한 개혁은 1517년이라기보다 1521년이라고 볼 수 있다. 모든 평신도 그리스도인들의 손에 성경이 주어질 때 비로소 성경적 개혁이 가능하게 되었고, 삶에 변화를 기대할 수 있었던 것이다.

종교 개혁 당시 걸출한 학자였던 에라스뮈스(Desiderius Erasmus)는 헬라어 신약 서문에서 성경을 번역할 때는 당대 사람들이 일반적으로 사용하는 언어를 사용해야 한다고 주장했다. 1522년 루터는 에라스뮈스의 주장대로 성경을 당시 사람들이 사용하던 독일어로 번역했다. 얼마 후 1525년 윌리엄 틴데일(William Tyndale)은 성경을 영어로 번역하였다. 연이어 다른 언어로도 번역하였다. 그 후 17세기 초반에 사용되던 영어로 '킹 제임스' 번역본이 출판되었다. 이 번역 성경의 표현이나 문체가 다른 번역본보다 우월한 것이 아니지만 지금까지 수백 년 동안 '킹 제임스' 성경은 많은 사랑을 받는 성경이 되었고, 이 성경을 통해 수많은 사람들이 변화되었다.

성경 번역은 성경에 대한 사랑이 극진함과 동시에 많은 사람에게 성경이 반포되기를 원하는 열망 때문에 할 수 있는 일이었다. 영국 왕 제임스 1세는 성경을 '킹 제임스' 역으로 번역한 독실한 신자였다. 그에게는 이러한 일화가 남아 있다. 당시에는 도둑이 많아 도둑질하다 잡히면 사형을 시키곤 하였다. 암스트롱이란 사람이 도둑질을 하다 잡혀 사형 선고를 받게 되었다. 그런데 그는 자신의 잘못을 회개하고 하나님께 살려달라고 기도하였다. 그리고 사형을 피하려고 "나는 어차피 죽을 몸입니다. 마지막으로 성경을 읽고 싶으니 교도관 님이 임금님께 내 뜻을 전해주시오"라고 하였다.

제임스 1세는 참으로 기특한 죄인이라고 생각하여 "그에게 성경을 주어 읽게 하라. 그리고 성경을 다 읽은 후에 사형을 집행하라"

라고 하였다. 그날부터 그는 성경 읽기를 시작하였고, 10년이 지나도록 사형 집행을 하지 못하였다. 그는 매일 성경을 1절씩 읽고 묵상하였기 때문이었다. 결국 제임스 1세는 도둑을 석방해주며 "집에 가서 성경을 읽으라"라고 하였다. 그 후 성경을 읽는 동안 암스트롱은 말씀을 통하여 새 사람이 되어 많은 사람을 전도하고 봉사하다가 죽었다고 한다.

한국 교회의 성경 전래는 다른 나라의 기독교 전래나 성경의 번역과는 전혀 다른 특징이 있다. 일반적으로 대부분의 피선교국에서는 선교사가 정착하여 피선교국의 언어를 숙지하고 성경을 번역하여 보급하였다. 그런데 우리나라는 이런 일반적인 경우와는 다르다. 우리나라 개신교의 공식 전래 연대를 알렌(Horace N. Allen)이 입국한 1884년으로 정한다. 그리고 아펜젤러(Henry G. Appenzeller)와 언더우드(Horace G. Underwood)가 1885년에 입국하여 본격적으로 감리교와 장로교가 세워졌다.

그러나 알렌이 입국하기 2년 전인 1882년에 한글 성경이 한반도에 전래되었다. 중국 심양(옛 이름 봉천)에서 활동하던 런던선교회(London Missionary Society) 파송 존 로스(John Ross) 목사와 그의 매부 존 매킨타이어(John MacIntyre)가 한글로 성경을 번역하였다. 의주 청년들인 이응찬, 이성하, 백홍준, 김진기 등이 선교사를 만나 세례를 받았고 성경 번역에 동참하였다. 이 무렵 서상륜이 만주에서 이들 선교사를 만나 세례를 받았고 성경 번역과 목판 조각과 인쇄까지 맡아서 성경을 출판하는 열정을 보였다. 서상륜은 마가복음과 누가복음 쪽복음 2천 권을 가지고 봉천의 고려문을 통하여 한반도에 성경을 반입한 것이다.

특히 눈여겨볼 일은 서상륜이 가지고 들어온 '로스 성경'이 한글 성경이었다는 점이다. 당시의 사대부들은 한문을 보았고, 한글은 천시하여 집에서 부인들이나 보는 글이라 하여 '암글' 혹은 '언문'이라 하였다. 어느 사회나 흔히 말하는 상류 사회는 전체 인구의 5-10% 정도라고 한다. 우리나라 최초의 성경이 한글 성경이었다는 것은 전도의 대상이 상류민인 사대부가 아니라 90% 이상의 평민 내지 천민이었다는 사실이다.

흔히 '로스 성경'이라 불리는 한글 성경은 '예슈성교젼서'라는 이름으로 신약 성경이 출판되어 교인들의 손에 주어지게 되었다. 그 후 1908년에 구약이 창세기를 시작으로 한글로 번역되었고, 선교사 레널즈와 이승두, 김정삼 등이 번역에 참여하여 1910년 구약 번역을 완성하였다. 다음해인 1911년 '구약전서'가 출판되면서 '성경전서'가 빛을 보게 되었다.

한글 성경은 초기에는 '아방', '오맘', '아반이' 등 서북 사투리가 그대로 쓰였으나 표준어로 다듬어졌고, '개역한글'은 '개역개정' 성경이 나오기 전까지 오랫동안 한국 교회의 성경으로 자리 잡게 되었다. 그러나 시대 변화에 따라 '개역개정' 성경이 번역되어 현재까지 사용되고 있으며, '공동번역', '새번역' 등 여러 번역들이 독자들의 대상에 따라 사용되고 있다. 전래된 한글 성경은 한국 교회 성장에 중요한 요인이 되었으며 더구나 한국 교회가 말씀 중심의 열정을 가진 것은 이 때문인 것으로 사료된다.

2020년 8월 기준으로 성경전서는 총 7,359개 언어 가운데 704개의 언어로 번역되었다. 신약성서는 1,571개 언어, 단편성서는 1,160개 언어 등 총 3,435개 언어로 번역되었다. 2020년은 코로나19로 전 세계가 어려운 한 해였지만, 세계 곳곳에서 성경 번역 작업은 멈추지 않고 계속되었다. 말씀 없이 믿음이 없고, 믿음 없이 구원이 없다.

철학자 존 로크(John Locke)는 성경은 하나님이 인간에게 주신 가장 위대한 축복이라고 하였다. 괴테(Johann Wolfgang von Goethe)는 독일이 위대한 나라가 된 것은 마르틴 루터가 1517년에 종교 개혁을 해서 전 독일 사람에게 독일어로 된 성경을 읽고 배우게 하였기 때문이라고 하였다. 그래서 독일은 최고의 민족이 될 수 있었다. 빅토르 위고(Victor-Marie Hugo)는 영국이 세계적인 나라가 된 것은 하나님의 말씀에 있다고 하였다. 세계사에서 볼 때 인류의 위대함은 성경에 그 뿌리가 있음을 알 수 있다.

2015년 루터의 종교 개혁 500주년을 앞두고 독일의 크리스티네 아이헬(Christine Eichel)이 《독일, 루터의 나라》(Deutschland, Lutherland)를 출판하였다. 그녀는 독일에서 루터의 영향이 절대적이라는 것을 세 부분으로 나누어 설명한다. 사회(Gesellschaft), 문화(Kultur) 그리고 정치(Politik)이다. 루터를 빼놓고는 독일을 생각할 수 없다는 것이다. 참 부럽기도 하고 놀랍기도 한 일이다. 루터 한 사람으로 말미암아 현대 독일 사회의 사회상이 확립되었다는 것이 기이한 일이

03_ 오직 성경(Sola scriptura)

다. 사실은 루터가 아니라 성경으로 말미암아 독일의 사회 질서가 자리를 잡게 되었고, 독일이 성경의 나라가 되게 한 것이 루터의 공헌이다.

존 풀리(John Fully) 박사가 노벨상 수상자에 대해 15년간 연구한 결과 유대인과 기독교인 노벨상 수상자 가운데 기독교인이 64%, 유대인이 22%, 천주교인이 11%, 불교인이 0.9% 그리고 무슬림이 0.1%라고 하였다. 이는 성경을 읽는 기독교인, 유대인, 천주교인 수상자가 전체 수상자의 97%였다는 것이다. 노벨상 수상자의 국가별 출신을 보면 23개국 가운데 1등부터 7등까지는 스위스, 덴마크, 스웨덴, 네덜란드, 영국, 미국, 독일이었다. 일찍 기독교가 들어간 나라이며, 국민들이 어려서부터 성경을 읽으며 자란 나라들이었다. 성경은 영혼과 육체를 풍성하게 하며 지식과 지혜를 부요하게 함을 증명하는 것이다.

공산주의 사전에는 성경의 정의를 "과학적 근거가 전혀 없는 공상적인 전설을 모아 놓은 책"이라고 한다. 그런데 공산주의는 70여년 만에 그 이론이 허구라는 실체가 드러나고 갈수록 쇠락해 가고 있다. 그러나 성경은 그 가르침이 사실이라고 증명되고 있으며 복음 운동은 지금도 세계 곳곳에서 계속되고 있다. 특히 세계적으로 개신교는 두 지역에서 왕성하게 부흥되고 있다. 아프리카와 남아메리카이다. 이 지역에서는 복음에 대한 열정이 타오르고 있으며, 오순절주의(Pentecostalism)가 교회에 자리하고 있다. 결국은 성경대로 예수를 믿는 것이 교회 부흥의 열쇠인 것이다.

영국의 시인 테니슨(Alfred Tennyson)은 "성경을 읽는 일 자체가 곧 교육이다"라고 하였다. 유대인의 토라 공부는 성경을 읽고 듣게 하는 것이다. 성경은 읽으면 말씀의 내용을 깨닫게 되고 묵상하게 되고 그 말씀이 자신의 말씀이 될 때에 영혼의 변화가 오게 된다. 독일의 철학자 칸트(Immanuel Kant)는 "성경이 있다는 것이 인류 최대의 축복이다"라고 하였다. 성경이 있으므로 하나님의 말씀을 깨닫고 그 말씀대로 살 수 있으므로 인류가 복을 누리게 되는 것이다. 성경은 인류의 나침반이 되어 삶의 방향을 인도하며, 지침서가 되어 삶을 반듯하게 한다.

영성가들의 성경 읽기는 '거룩한 독서'(lectio divina)라고 부른다. 거룩한 독서는 네 단계로 하나님의 말씀이 나의 말씀이 되게 이끌어준다. 첫째는 읽기(Lectio)이다. 둘째는 묵상(Meditatio)이다. 셋째는 기도(Oratio)이다. 넷째는 관상(Contemplatio)이다. 성경은 읽는 것으로 끝나는 것이 아니라 읽은 성경 말씀을 묵상하고, 말씀으로 기도하고, 깊이 영적으로 성찰하는 관상에까지 이르러야 참 독서, 성경 읽기가 된다고 하였다. 잭 하일스(Jack Hyles)는 "성경을 연구하는 것보다 성경을 읽는 것이 훨씬 더 중요하다"라고 하여 성경 자체의 권위를 일깨워주었다. 성경을 잘 읽는 것만이 가장 중요하다. 성경은 읽는 것만 가지고도 힘과 지혜를 얻게 된다.

성 요한 에데우스(Saint John Eudes)는 제자들에게 복음서를 공부할 때 우선 사건을 재구성하고(상상), 의미를 파악하고(지성), 경배나 회개나 기타 적절한 감정으로 반응하고(마음), 확실한 헌신으로 마무리하라고(의지) 가르쳤다. 그의 가르침은 단지 복음서를 공부할 때만 아니라 성경 전체를 학습하고 연구하는 자세를 가르친다. 성경을 공부할 때는 지정의(知情意)의 종합적 접근이 필요한 것이다.

루터가 아우구스티누스 수도회에 들어갔을 때 수도회의 지도자이며 루터의 스승인 요한 스타우피츠(John Staupitz)는 루터를 격려하면서 하나님이 그를 크게 쓰실 것이라고 말했다. 그리고 그는 루터에게 "성경 공부를 가장 큰 즐거움으로 삼으라"라고 가르쳤다. 루터의 종교 개혁은 그의 지성이나 곧은 성품으로 된 것이 아니라 그가 성경을 공부하는 가운데 시작된 것이다. 그의 성경 공부는 교회의 전통적 가르침이나 당시의 교권주의가 얼마나 성경에서 멀어져 있는가를 깨닫게 해 주었고, 성경을 독일어로 번역하는 동기를 부여하였다.

성경의 모든 말씀은 우선 잘 먹어야 한다. 밥을 먹을 때 편식하지 말아야 하듯이 하나님의 말씀도 어떤 말씀은 읽고 어떤 말씀은 읽지 않는 편식을 하지 말고, 읽은 말씀을 잘 소화시켜 말씀이 올무가 되지 않게 해야 한다. 요나는 하나님의 말씀을 들었지만 그 말씀을 소화하지 못하였다. 그래서 그는 니느웨로 가라는 말씀을 들었지만 다시스로 가는 배를 탔고, 풍랑을 만나고 바다에 던져지고, 큰 고기 뱃속에서 사흘을 지내야 했다. 이런 현상을 '요나 콤플렉스'라고 한다.

예수님의 천국 비유인 '씨 뿌리는 자의 비유'에서도 같은 내용을 말씀하신다. 길가에 뿌려졌다는 것은 천국 말씀을 듣고 깨닫지 못할 때는 악한 자가 와서 그 마음에 뿌려진 것을 빼앗긴 자이다. 돌밭에 뿌려졌다는 것은 말씀을 듣고 즉시 기쁨으로 받되 그 속에 뿌리가 없어 잠시 견디다가 말씀으로 말미암아 환난이나 박해가 일어날 때에는 곧 넘어지는 자이다. 가시떨기에 뿌려졌다는 것은 말씀을 들으나 세상의 염려와 재물의 유혹에 말씀이 막혀 결실하지 못하는 자이다. 좋은 땅에 뿌려졌다는 것은 말씀을 듣고 깨닫는 자로서 결실하여 백 배, 육십 배, 삼십 배의 결실을 하는 것이다(마 13:18-23). 말씀을 듣지만 자신의 말씀이 되지 않을 때 아무 결실을 하지 못하는 것이다.

　말씀은 헬라어는 크게 두 가지로 성경에 나타난다. '로고스'와 '레마'이다. '로고스'는 하나님의 말씀 그 자체를 일컫는다. 그리고 이 말씀이 내게 주시는 말씀이 되어야 한다. 이 말씀을 '레마'라고 한다. 어떤 이는 '로고스'를 수원지의 물이라고 하며, 수원지의 물이 수도꼭지를 통하여 내 입속에 들어간 물은 '레마'라고 한다. '로고스'는 최고의 말씀이다. 그러나 아무리 좋은 말씀이라도 '레마'가 되지 않으면 아무 소용이 없다. '로고스'가 '레마'가 되어야 참 말씀이며, 말씀을 통하여 구원을 받으며, 말씀이 삶을 변화하게 하는 것이다. 하나님의 말씀으로 변화를 받고, 말씀을 마음에 새기고, 말씀대로 산 사람들은 한결같이 '로고스'를 '레마'로 듣고 말씀을 자신의 것으로 만든 사람들이다.

　'오직 성경'은 성경이 나의 구원, 나의 삶의 법칙, 나의 생명의 이유라는 고백이다. 우리 삶의 유일한 법칙인 하나님의 말씀 '로고스'

가 내 말씀 '레마'가 되어야 한다. 성경만이 우리 삶의 바로미터가 되어 성경 말씀대로 사는 그리스도인이 되어야 한다. 성경을 읽는 백성은 망하지 않는다고 한다. 이 성경 말씀을 우리의 손목에, 미간에, 문설주에 붙여 매 순간 성경 말씀이 내 삶을 이끌어 가고, 말씀이 우리 영혼의 양식이 되는 삶을 살도록 하자.

04

오직 그리스도
(Solus Christus)

"이 말 할 즈음에 구름이 와서 그들을 덮는지라 구름 속으로 들어갈 때에 그들이 무서워하더니 구름 속에서 소리가 나서 이르되 이는 나의 아들 곧 택함을 받은 자니 너희는 그의 말을 들으라 하고 소리가 그치매 오직 예수만 보이더라 제자들이 잠잠하여 그 본 것을 무엇이든지 그 때에는 아무에게도 이르지 아니하니라"(누가복음 9:34-36).

04
오직 그리스도(Solus Christus)

옛말에 "모로 가나 바로 가나 서울만 가면 된다"라는 말이 있다. 방향이나 과정보다 결과만 가지고 옳고 그름을 판단하는 것을 말한다. 또 우리 속담에는 "꿩 잡는 게 매다"라는 말도 있다. 어떻게 잡았느냐 하는 수단보다 결과만 가지고 좋고 나쁨을 판단하는 것을 말한다. 우리에게 익숙한 이런 말들은 결과론을 중시한 관습에서 일상화된 말들이다. 결과론이란 자칫 방향과 과정을 무시하게 된다.

우리의 삶에서 과정이란 아주 중요한 방법론이다. 과정은 무시하고 결과만 가지고 가치를 논하는 것은 바른 태도가 아니다. 더구나 기독교 윤리란 목적과 결과만 아니라 과정도 선해야 한다. 그런데 과정을 무시하고 결과만 가지고 가치나 성공을 따지는 것은 기독교적이지 않다.

우리가 결과를 중시하는 것은 분명한 이유가 있다. 흔히 인류학자들은 어느 민족이든 집단 무의식(Collective unconsciousness)이 사고 유형을 지배하고 형성한다고 한다. 정신의학자 카를 융(Karl Jung)은 이것을 민족 무의식(Racial unconsciousness)이라고 하였다. 그리고 이런 무의식은 식사 습관에 유래한다고 한다.

일반적으로 서양의 식사는 '시간계열형'이라 한다. 전채, 수프,

샐러드, 메인 디쉬, 후식 등의 식사가 제공되는 순서가 있고, 아무리 바빠도 순서를 어긋나게 하지 않는다. 그래서 서양인들은 순서를 잘 지키고 기다릴 줄 안다고 한다. 반면에 한국의 식사는 '공간 전개형'이다. 전통적인 한식은 밥, 국, 반찬 심지어 후식까지 모든 식사가 밥상 위에 펼쳐져 나온다. 그리고 먹는 순서가 없이 아무거나 먼저 먹어도 괜찮다. 배부르게 맛있게 먹었으면 만족하게 되는 것이다.

그래서 한국인들은 순서를 잘 지키지 못하고 순서를 기다리는 것을 조급하게 생각하여 줄을 설 때는 '새치기'를, 운전할 때는 '끼어들기'를 예사로 한다. 새치기든, 끼어들기든 빨리 가면 된다는 결과론이다. 국회에서 심심찮게 볼 수 있는 '날치기'도 이와 같은 심리이다. 날치기를 해서라도 법안이 통과되었다고 의장봉을 치고 결과만 얻으면 된다는 것이다. 과정은 일반 사회생활에서도 소중하지만 신앙생활에서는 생명처럼 소중하다.

'종교다원주의'란 최근에 회자되는 말이지만 최근에 발생한 것은 아니다. 종교다원주의는 유신론을 근거로 한다. 기독교의 눈으로 보면 유신론이 무신론보다 기독교의 더 큰 적이다. 다시 말하면 종교다원주의는 기독교의 순수성을 거부하는 혼합적 인본주의이다. '오직 믿음'에서 말한 대로 종교와 기독교를 혼동하는 데서 가장 기본적이며 심각한 오류가 발생하는 것이다.

종교다원주의란 하나님의 존재를 인정하면서 하나님께 나아가는 길이 다양하다고 하는 것이다. 기독교에서는 예수가 그리스도라고 하지만 종교다원주의자들은 예수가 그리스도이지만 부처도, 공자도, 마호메트도 그리스도라고 한다. 어느 길로 가든지 하나님께로 나아가면 되고, 나아갈 수 있다고 한다. 다른 종교의 창시자나 기독교의 성인들은 우리 신앙의 교훈과 귀감이 되고 교훈을 주며 스승이 될 수는 있지만 구원할 수 있는 힘은 없다. 그런 의미에서 종교다원주의를 간단하게 표현하면 '하나의 하나님, 많은 그리스도'(One God, Many Christs)라고 한다.

중국인에게 '도교'(道敎)가 있듯이 일본인에게는 '신도'(神道)가 있다. 일본인은 누구나 신도를 믿는다고 해도 과언이 아닐 만큼 일본의 대표적 종교이다. 신도는 산, 강, 돌, 나무 등 자연물에 신이 존재하며 사람이 죽어서 된 신 등 많은 신이 있다. 심지어 가정에는 부엌의 도마, 칼까지 신이 있다고 믿는다.

신을 모시는 '신사'가 일본에 8만 개 이상이며, 일본에는 팔백만신(八百萬神)이 있다고 한다. 신도는 자연물에 대한 숭배가 종교로 발전한, '무속신앙'(Animism)이라고 볼 수 있다. 신도가 삶 깊숙이 자리하고 있기에 일본인은 불교 신자라도 신도를 함께 믿으며, 기독교 신자라도 신도를 함께 믿는다. 그래서 "예수 믿으세요"라고 하면 "예, 예수도 믿어 주지요"라고 한다.

오래전 선교차 인도에서 집회를 인도한 적이 있다. 인도 목회자 모임에서 설교 도중 "일본에는 팔백만 신이 있습니다"라고 하였다. 그때 한 인도 목사님이 "인도에는 1억 신이 있습니다"라고 소리쳤다. 실제로 인도에는 3억 6천만의 신이 있다고 한다. 힌두교는 아무

것이나 만들면 신이다. 없으면 만들어서라도 섬기는 것이 인도의 신이며, 인간의 종교적 욕구이다. 그러므로 인간의 욕구에 따라 인간이 만든 신은 참신일 수가 없다. 우리가 믿는 하나님은 인간이 만든 신이 아니라 인간을 만든 신이시다.

인간의 사고는 신관(神觀)에 유래한다. 믿음의 대상이 누구냐에 따라 사고방식이 달라진다. 무슬림들은 하나의 인격을 가진 유일신인 '알라'를 믿는다. 알라 외에 신이 없다고 믿기에 그들은 알라를 믿지 않는 자들과는 함께 할 수 없다. 그들은 알라를 믿지 않는 사람들을 얼마든지 처형할 수 있다. 또 무슬림들은 그들이 고수하는 이슬람의 전통에 따라 참수한다. 종교적 이유에서 무슬림에게 참수를 당한 기독교인들이 헤아릴 수 없을 만큼 많다. 2004년 6월 이라크에서 처형당한 고 김선일 씨, 2007년 7월 아프카니스탄에서 탈레반에 의해 순교를 당한 배형규 목사님도 참수형으로 죽임을 당하였다. 그들의 사고는 다양성 없이 통일성만 있다. 반면에 힌두교는 수억의 신을 가지고 있다. 그들은 아무 신이나 다 용납한다. 그래서 그들의 사고는 통일성이 없이 다양성만 있다.

기독교인의 하나님은 삼위일체의 하나님이시다. 하나님은 한분이시며, 동시에 세 위를 가지고 계시다. 그러므로 삼위일체 하나님을 믿는 기독교인은 자연스레 통일성과 다양성을 동시에 가지게 된다. 세계화 시대에 중요한 개념의 하나는 '다양성 속에서의 통일성' (unity in diversity)인데 기독교는 세계화 시대에 가장 적합한 사고를 가진 종교라고 할 수 있다.

예수님은 누구신가? 흔히 철학에서는 사대 성인 중의 한 분이라고 한다. 동서고금 역사 가운데 석가모니, 공자, 소크라테스와 더불어 사대 성인이라고 한다. 소크라테스 대신에 마호메트를 사대 성인에 포함하기도 한다. 당시 유대인들 사이에서는 많은 랍비 중의 한 사람이라 했으며, 심지어 하나님의 아들이라 죄를 사하는 권세를 가졌다고 하여 하나님을 모독하는 자라 하였다. 또한 어느 백과사전에는 1세기 유대인의 설교자이자 종교 지도자라고 한다.

그러나 예수님은 세속적 안목으로 정의하는 위인의 한 사람이 아니라 하나님의 아들이시며 인류의 구원자이시다.

예수님이 누구신가에 대한 가장 명확한 해답은 예수님이 탄생하실 때 가지신 이름에 나타나 있다. 예수님의 탄생 기사에는 주의 사자가 요셉에게 이렇게 말한다. "아들을 낳으리니 이름을 예수라 하라 이는 그가 자기 백성을 그들의 죄에서 구원할 자이심이라 하니라"(마 1:21). 그리고 계속하여 "보라 처녀가 잉태하여 아들을 낳을 것이요 그의 이름은 임마누엘이라 하리라 하셨으니 이를 번역한즉 하나님이 우리와 함께 계시다 함이라"(마 1:23)라고 한다. 이 땅에 태어나실 때 가지신 이름은 '예수'와 '임마누엘'이었다.

예수라는 이름은 예수님이 이 땅에 나시기도 전에 지음 받은 이름이다. 찬송가 80장은 "천지에 있는 이름 중 귀하고 높은 이름 주 나시기 전 지으신 구주의 이름 예수"라고 한다. '예수'는 그리스도의 이름이며 동시에 그리스도의 소명이며 정체성이다. 바로 구원자라는 것이다. 예수님은 이 땅에 오실 때에 이미 구원자이셨다. 구원자로 오셨고, 구원자로 죽으셨고, 구원자로 다시 오실 것이다.

예수님이 오시지 않으셨다면 우리의 구원은 없다. 예수님이 다시 오시지 않으신다면 마찬가지로 우리의 구원은 없다. 예수님은 사대 성인이시고, 유대인의 랍비이시고, 최근에는 '스토리 텔러'(이야기꾼)라고도 한다. 이 모든 것이 다 맞지만 사실은 다 틀린 말이다. 예수님은 우리의 구원자이시다.

그래서 "때가 찼고 하나님의 나라가 가까이 왔으니 회개하고 복음을 믿으라"(막 1:15)라는 예수님의 첫 선포는 구원이었다. 예수님은 여러 번 "네 믿음이 너를 구원하였으니 평안히 가라"라고 선포하신다. 예수님은 치유의 목적도 구원이었다. 예수님의 사도들도 예수님이 승천하신 다음에 구원을 외친다. 바울은 "누구든지 주의 이름을 부르는 자는 구원을 받으리라"(롬 10:13)라고 하였다.

예수님이 탄생하실 때 가지신 다른 이름은 '임마누엘'이다. 임마누엘은 "하나님이 우리와 함께 계시다"라는 뜻이다. 예수님 성탄의 두 번째 이름인 임마누엘은 탄생하실 때 급히 지어진 이름이 아니라 세상에 오시기 800년 전에 이미 지어졌다. "그러므로 주께서 친히 징조를 너희에게 주실 것이라 보라 처녀가 잉태하여 아들을 낳을 것이요 그의 이름을 임마누엘이라 하리라"(사 7:14)라고 이사야가 예언한 것이다. 이 말은 이름이 이때에 지어진 것이 아니라 이 땅에 오시기 전에 이미 예수님께서 계셨다는 증거이다.

죄는 단절이며 분리이다. 하나님의 형상을 주셔서 하나님과 하나가 되게 지으신 사람이 죄를 지으므로 하나님과 사람이 단절되고 분리되었다. 죄를 지은 인간은 하나님과 하나 됨을 파괴하여 스스로 분리되었다. 아담과 하와는 죄를 지은 다음 "여호와 하나님의 낯을 피하여 동산 나무 사이에 숨은지라"(창 3:8)라고 한다. 하나님께서 "네가 어디 있느냐?"라고 부르셨을 때에 그는 "내가 동산에서 하나님의 소리를 듣고 내가 벗었으므로 두려워하여 숨었나이다"라고 하였다(창 3:9-10).

죄란 무엇을 '했다', '하지 않았다'라는 행위가 아니라 하나님과 분리된 상태를 의미한다. 그래서 신학적으로는 '죄는 분리이다'(Sin is separation). 하나님과 분리된 상태이므로 하나님의 뜻대로 살지 못하고 하나님의 뜻을 거스르게 된다. 하나님과 분리된 인간은 스스로 하나님과 다시 하나가 될 수 있는 능력을 상실하였다. 그래서 죄를 지어 하나님과 분리된 상태에 있는 인간을 예수님께서 중보자(mediator)로 오셔서 하나님과 인간 사이를 하나가 되게 하신 것이다.

예수님은 "우리의 화평이신지라 둘로 하나를 만드사 원수 된 것 곧 중간에 막힌 담을 자기 육체로 허시고"(엡 2:14), "또 십자가로 이 둘을 한 몸으로 하나님과 화목하게 하려 하심이라 원수 된 것을 십자가로 소멸하시고"(엡 2:16) 하나가 되게 하셨다.

그러므로 예수님은 임마누엘이시다. 임마누엘 예수님은 세상을 떠나시면서 "내가 세상 끝 날까지 너희와 항상 함께 있으리라"(마 28:20)라고 하셨다. 임마누엘은 우리를 고아와 같이 혼자 버려두지 않으시는 하나님의 성품이다. 하나님께서 인간에 대하여 하시는 일이다. 예수님을 보내신 목적일 뿐만 아니라 인간을 지으신 하나님의 목적이다. 인간에 대한 하나님의 무궁한 은혜이다. 그러므로 죄로 분리된 하나님과 인간을 다시 하나 되게 하신 임마누엘은 곧 구원이다.

성경에는 예수님의 다른 이름들이 많이 있다. 그리스도, 인자, 하나님의 아들, 세상의 빛, 선한 목자, 포도나무, 생명의 떡, 길, 진리, 생명 등 예수님의 별칭들이 많은데 이 모든 이름들은 나름대로 다 예수님의 탄생의 목적이며, 예수님이 하신 일이다. 그 가운데 예수님의 가장 큰 목적과 일은 '예수'이다. 예수님은 예수, 즉 구원자이시다.

예수님이 누구신지 아는 것이 신앙의 진수이다. 예수님이 누구신지를 고백하는 것이 바르게 아는 것이다. 성경에는 예수님께 대한 신앙 고백이 있다. 베드로는 "주는 그리스도시요 살아 계신 하나님의 아들이시니이다"(마 16:16)라고 고백하였다. 나다나엘은 "당신은 하나님의 아들이시요 당신은 이스라엘의 임금이로소이다"(요 1:49)라고 고백하였다. 마르다는 "주는 그리스도시요 세상에 오시는 하나님의 아들이신 줄 내가 믿나이다"(요 11:27)라고 고백하였다.

도마는 "나의 주님이시요 나의 하나님이시니이다"(요 20:28)라고 고백하였다.

신앙 고백은 예수님이 어떤 분이신가를 알고 믿는 것을 입으로 시인하는 것이다. 예수 그리스도에 대한 신앙 고백이 중요한 것은 그리스도에 대한 신앙 고백이 분명해야 구원의 확신이 가능하기 때문이다. 구원의 확신이 없이는 다른 어떤 그리스도인의 신앙도 삶의 의미도 확실할 수가 없다.

예수님께 대한 신앙 고백 가운데 가장 힘든 고백은 예수님의 동생 야고보와 유다의 고백이다. 예수님의 형제는 야고보, 요셉, 시몬, 유다라고 성경은 말한다(마 13:33; 막 6:3). 성경에는 야고보라는 이름을 가진 인물이 여럿 있지만 야고보서의 저자는 예수님의 동생 야고보인 것이 확실하다.

그런데 야고보는 야고보서 1장 1절에서 "하나님과 주 예수 그리스도의 종 야고보는 흩어져 있는 열두 지파에게 문안하노라"(약 1:1)라고 말한다. 야고보는 예수님과 한 형제로 자랐을 것이고, 인간으로 오신 예수님과 어린 시절을 함께 보냈을 것이다. 그런 야고보가 자신의 형인 예수님을 '주'라고 고백하고, '그리스도'라고 고백하고, 자신을 예수님의 종이라고 고백한다. 예수님을 그리스도로 고백하기가 가장 힘든 사람이 야고보였을 텐데 야고보가 이런 고백을 한 것은 신령한 지혜와 하나님의 은혜 때문이었을 것이다. 실제로 모든 신앙 고백은 영적 지혜로 가능하며 하나님의 은혜로 가능하게 된다.

유다도 마찬가지이다. 야고보의 형제 유다는 예수님의 동생임을 밝힌다. 그는 "예수 그리스도의 종이요 야고보의 형제인 유다는 부르심을 받은 자 곧 하나님 아버지 안에서 사랑을 얻고 예수 그리스도를 위하여 지키심을 받은 자들에게 편지하노라"(유 1:1)라고 한다. 유다도 예수님을 그리스도라고 하며, 자신을 예수 그리스도의 종이라고 한다. 자신의 형 예수가 그리스도라고 고백하는 것은 형제들에게 가장 어려운 일이었을 것이다. 그러나 유다도 신령한 지혜가 있어 예수님을 그리스도라고 고백하는 것이다.

'예수 그리스도'라는 두 단어는 가장 위대한 단어이며 숭고한 고백이다. '예수 그리스도'라는 말은 '예수가 그리스도이시다'라는 말의 준말이다. 이 말은 예수가 그리스도라는 말인 동시에 '예수만이 그리스도이시다'는 뜻이다. 영어의 'Jesus Christ'는 'Jesus is Christ'라는 뜻이다. 2천 년 전 이 땅에 인간으로 성육신하신 예수가 그리스도 즉 메시아, 구세주라는 말이다. 예수님 외에 그리스도가 없다는 신앙 고백이 담겨져 있는 위대한 단어인 것이다.

초대 교회는 '예수 그리스도' 이 두 단어로 말미암아 많은 순교자가 생겼다. 로마인들은 그들이 십자가에 못 박아 죽게 한 예수님이 하나님의 아들 그리스도라는 믿음을 증오하였다. 우리가 '예수 그리스도'라고 마음껏 말할 수 있는 것은 무한한 은총이다.

예수님 외에는 구원자가 없다. 예수님 외에 구원자가 없는 것은 하나님의 말씀이 그렇게 말씀하고 있기 때문이다. 요한복음 14장 6절에는 예수님께서 친히 "내가 곧 길이요 진리요 생명이니 나로 말미암지 않고는 아버지께로 올 자가 없느니라"라고 하신다. 예수님은 유일하신 길이다. 그 길은 아버지께로 가는 길이고, 하나님의 나라로 가는 길이다. 그 길만이 오로지 하나님의 나라로 인도한다.

또한 사도행전 4장 12절에는 "다른 이로써는 구원을 받을 수 없나니 천하 사람 중에 구원을 받을 만한 다른 이름을 우리에게 주신 일이 없음이라"라고 한다. 우리에게 구원을 받을 만한 이름이 예수 외에 없다고 한다.

디모데전서 2장 5절에는 "하나님은 한 분이시요 또 하나님과 사람 사이에 중보자도 한 분이시니 곧 사람이신 그리스도 예수라"라고 한다. 모든 길이 하나님의 나라로 가는 길이 아니라 예수님만이 그 길이다. 많은 종교 지도자가 하나님과 우리 사이의 중보자가 아니라 그리스도 한 분이시다. 그리하여 사도들은 예수님만이 그리스도라고 가르쳤다.

사도행전 5장 42절에는 "그들이 날마다 성전에 있든지 집에 있든지 예수는 그리스도라고 가르치기와 전도하기를 그치지 아니하니라"라고 하였다. 초대 교회는 예수님이 그리스도라고 가르치는 것이 가장 중요하고 힘든 일이었다.

여기에서 타종교인이나 기독교 교리에 비판적인 자들의 큰 오해를 지적한다. 기독교에 대하여 반감이나 적대감을 가진 이들은 기독교가 독선적이라고 한다. 하나님 외에는 참신이 없으며, 예수님 외에 그리스도가 없다는 기독교의 구원의 진리가 타종교에 대한 차별이라는 것이다. 이런 기독교의 구원론은 '종교다원주의'를 배격한다. 하나님 외에는 신이 없으며, 예수님만이 그리스도라고 성경이 가르치기 때문이다.

그런데 예수님께서 말씀하신 핵심은 아버지께로 올 자가 없게 하는 것이 목적이 아니라는 사실이다. "내가 곧 길이요 진리요 생명이니 나로 말미암지 않고는 아버지께로 올 자가 없느니라"라는 말씀은 "나로 말미암지 않고는 아버지께로 올 자가 없다"는 차단의 의미가 아니다. 오히려 말씀의 핵심인 말씀하신 이의 마음을 헤아려야 한다. 이 말은 "나로 말미암아 누구든지 아버지께로 오라"는 것이 예수님의 마음이며 말씀의 핵심이다. 이것은 마치 하나님께서 "선악을 알게 하는 나무의 열매는 먹지 말라 네가 먹는 날에는 반드시 죽으리라"(창 2:17)라고 하신 말씀을 인간을 죽이시려고 나무를 두신 것으로 이해하는 것과 같다. 이 말씀을 하신 하나님의 마음은 "나무의 열매를 먹지 말고 죽지 말고 살라"라는 것이다.

하나님의 마음은 친히 창조하신 사람이 죄를 범하고 영원히 죽는 것을 원하지 않으신다. 오히려 죄를 짓지 않으며, 죄를 지어도 아들 예수 그리스도를 통하여 구원을 받으며, 영원히 사는 것을 원하신다. 그래서 예수님은 "이와 같이 이 작은 자 중의 하나라도 잃는 것은 하늘에 계신 너희 아버지의 뜻이 아니니라"(마 18:14)라고 하신다.

예수님이 승천하신 후 초대 교회는 예수님의 신성과 그리스도성을 가르치는 것이 가장 힘든 일이었다. 예수님의 생애와 죽음을 그들의 눈으로 보았기 때문에 예수님의 인성보다 신성을 증명하는 것이 어려웠다. 예수님의 신성을 아는 것은 믿음으로 가능하며, 그 믿음은 하나님의 은혜에 의해 가능하다.

325년의 니케아 종교 회의에서 예수님은 두 본성인 신성과 인성을 동시적으로 가지셨다고 결의를 하였다. 그러나 이미 2-3세기에 두 본성에 대한 논의는 끊이지 않았다. 그 가운데 극단적인 이론들이 이단으로 정죄되었다. 예수님은 인성을 가지지 않으시고 신성만 가지고 오셨다는 이론이 '가현설'(假現說)이고, 예수님은 인성만 가지고 오셨다는 이론이 '양자설'(養子說)이다.

가현설은 예수님의 신성만을 극단적으로 이해하여 십자가에 못 박힌 것은 예수님이 아니라 예수님 대신 십자가를 지고 골고다를 올라간 구레네 시몬이라고 하였다. 시몬이 십자가에 못 박혔는데 당시 사람들은 환각 가운데 예수님이 십자가에 못 박혔다고 착각하였다는 것이다.

양자설은 예수님의 인성만을 극단적으로 이해하여 예수님은 순수한 인간으로 이 땅에 오셨는데 하나님께서 보실 때 흠없이 완벽하여 세례를 받으실 때 "이는 내 사랑하는 아들이다"라고 양자로 삼아주셨다고 하였다. 가현설과 양자설은 다 같이 이단으로 정죄되었다.

하나님의 말씀인 성경 구약과 신약의 주제는 한결같이 예수 그리스도이시다. 구약은 오실 예수 그리스도를 예언하며, 신약은 오신 예수 그리스도를 증거하며, 계시록은 다시 오실 예수 그리스도를 선언한다. 성경의 등장인물은 동명이인, 동인이명이 많기 때문에 정확하게 계수하기가 쉽지 않다. 대한성서공회 인명사전 1,888명, 한국컴퓨터선교회 인명사전 1,897명, 신오진 님 계수에 의하면 성경 계보에 담긴 사람은 모두 2,197명이다. 한 사람이 여러 개의 이름으로 불리기도 하여 인덱스의 이름은 1,618개이다. 다시 말하면 성경에는 2,000여 명의 인물이 등장하고 있다는 것이다. 성경에는 수많은 인물들이 이름을 올리고 등장하고 많은 사건들이 기록되어 있지만 예수 그리스도 외의 모든 인물들은 예수 그리스도를 증거하는 조연에 불과하다.

성경 66권의 핵심 구절은 요한복음 3장 16절이다. "하나님이 세상을 이처럼 사랑하사 독생자를 주셨으니 이는 그를 믿는 자마다 멸망하지 않고 영생을 얻게 하려 하심이라." 마르틴 루터는 이 말씀을 '작은 복음'이라 불렀다. 구약과 신약 전체 말씀을 함축하면 바로 요한복음 3장 16절이라는 것이다. 이 말씀 한 절에는 하나님이 인간을 구원하신 동기와 구원자이신 예수 그리스도, 그리고 구원, 구원의 보편성이 포함되어 있다.

타 종교인과 종교다원주의자들이 때로는 기독교가 융통성이 없다고 한다. 보수적인 기독교인일수록 불통이라고 한다. 예수님 외에 구원자가 없다는 기독교의 교리가 너무 독선적이라고 한다. 독단적이라는 뜻의 '도그마틱'(dogmatic)이란 말은 '도그마'(dogma)를 가지고 있다는 의미이다. 기독교를 기독교 되게 하고, 2,000년 동안 그 명맥을 유지하게 하는 것은 바로 '도그마'이다. 기독교의 신조며 교리가 기독교가 세상의 변화와 박해에도 흔들리지 않게 한 것이다. 아무리 세상이 기독교에 대하여 독선적이라고 하더라도 변개할 수 없는 것이 '오직 예수'이다.

예수님께서 베드로, 야고보, 요한 세 제자를 데리고 산에 오르셨다. 이 산은 고대에는 갈릴리의 다볼산이라는 설이 있었으나 현대에는 북방의 헤르몬산이라는 설이 유력하다. 예수님께서 변화산이라 불리는 산에 오르신 까닭은 변화하시려는 것이 아니라 기도하시려는 것이었다. 예수님께서 변화하시려고 기도하신 것이 아니라, 기도하시는 가운데 변화하신 것이다.

이런 예수님의 기도를 우리가 배워야 한다. 많은 사람이 변화하려고 기도한다. 은사를 받으려고 기도한다. 그런 기도보다 더 중요한 것은 기도하면 하나님께서 변화하게 해 주시고, 나에게 필요한 은사를 주신다.

산에 오르신 예수님은 기도하시는 가운데 모세와 엘리야와 함께 변모하신 모습으로 나타나셨다. 모세와 엘리야는 구약의 대표자이다. 모세는 율법을 대표하며, 엘리야는 선지자를 대표한다. 예수님은 첫 번째 수난을 예고하셨지만 제자들은 이해하지 못했다. 수난을 이해하지 못하는 제자들을 두시고 예수님의 오심을 예언한 구약의 대표자들을 만나신 것이다.

모세는 오시는 메시아를 예언하였고(신 18:15), 엘리야는 그리스도의 선구자로 예언되었다(말 4:5). 변화하신 예수님을 보고 황홀한 가운데 베드로는 예수님과 모세와 엘리야를 위한 초막 셋을 짓겠다고 제안하였다. 자신이 무슨 말을 하는지 알지 못하고 한 베드로의 말에 예수님께서는 아무 말씀도 하지 않으셨다. 대신 하늘에서 "이는 나의 아들 곧 택함을 받은 자니 너희는 그의 말을 들으라"(눅 9:35)는 소리가 들렸다. 초막을 짓는 것보다 말씀을 듣는 것이 더 중요한 것을 일러주신 것이다. 그리고 모세와 엘리야는 사라지고 오직 예수님만 보이셨다.

복음은 헬라어로 '유앙겔리온' 기쁜 소식이란 뜻이다. 예수님께서 이 땅에 오심, 예수님의 말씀, 예수님의 기적, 예수님의 죽으심, 예수님의 부활 이 모든 것이 인류에게 구원의 기쁜 소식이다. 예수님은 곧 복음이다. 마태복음, 마가복음, 누가복음, 요한복음은 예수님의 이야기이다. 복음서의 주인공이 예수님이며, 복음서는 예수님이 구원자이심을 전하고 있다. 그래서 복음은 예수님이시다. 성경에 많은 이름들이 있지만 '예수'만이 우리를 구원할 이름이며, 유일한 기쁜 소식이며, 최고의 가치이다. '오직 예수', '오직 그리스도'가 우리의 믿음이다.

1.
모세나 엘리야는 메시아가 아니다

누가복음 9장 33절에는 "두 사람이 떠날 때에 베드로가 예수께 여짜오되 주여 우리가 여기 있는 것이 좋사오니 우리가 초막 셋을 짓되 하나는 주를 위하여, 하나는 모세를 위하여, 하나는 엘리야를 위하여 하사이다 하되 자기가 하는 말을 자기도 알지 못하더라"라고 한다. 모세는 율법을, 엘리야는 선지자를 대표하는 위대한 하나님의 사람이지만 우리의 구원자는 아니다. 율법과 선지자는 그리스도를 예비하고 예언하는 역할을 하였지만 예수님이 오심으로 다 물러가고 예수님이 그리스도가 되신 것이다.

모세는 시내산에서 하나님의 말씀을 듣고 십계명 돌판을 받는 영광을 체험하였다(출 31:18). 엘리야는 로뎀 나무 아래에서 죽기를 자청하고 기진하였을 때 하나님께서 먹고 마시게 하셔서 힘을 얻고 사십 일 밤낮을 걸어 호렙산에 이르러 하나님의 영광을 보았다(왕상 19:5-6, 8). 모세와 엘리야는 이제 다시 산에서 변화하신 예수님의 영광을 체험하고 있는 것이다.

구약인 율법이나 선지서들은 오실 예수님께 대한 증언이며 예언이다. 구약은 철저하게 오실 메시아에 대한 모형들을 말하고 있다. 그래서 구약의 모든 인물이나 사건들은 예수님과 그리스도 사건의 모형이라고 한다. 예수님의 사역 가운데 가장 중요한 사역은 죽음이다. 죽음을 통하여 죄인을 구원하시려는 것이 예수님의 핵심 사역인 것이다. 그런데 이 사역의 핵심인 수난을 예고하였지만 제자들은 이해할 수 없었던 것이다.

모세와 엘리야는 구원자도 아니며, 우리 믿음의 대상도 아니다. 모세와 엘리야는 구세주의 오실 그 길을 닦는 역할을 하는 자들이었다. 선지자는 길을 예비하는 자이다. "외치는 자의 소리여 이르되 너희는 광야에서 여호와의 길을 예비하라 사막에서 우리 하나님의 대로를 평탄하게 하라"(사 40:3)라고 한다. 구약의 마지막 선지자인 세례요한도 예수님이 오실 길을 예비하러 왔다고 하였다. 마태는 이사야의 글을 인용하여 세례 요한의 역할을 "광야에 외치는 자의 소리가 있어 이르되 너희는 주의 길을 준비하라 그가 오실 길을 곧게 하라 하였느니라"(마 3:3)라고 한다. 구약의 선지자들은 길이 아니라 길을 예비하는 자들이었다.

구약에는 나라를 구한 인물들이 많이 있다. 현세적인 메시아의 역할을 한 인물들이다. 그러나 그들은 모두 불완전하였다. 구약의 모든 인물들은 죄가 많은 인간이었으므로 불완전하였고, 그들은 인류를 구원할 수 있는 신성이나 영원성이 없이 다른 사람들과 똑같이 죽었다. 그들은 하나님과 사람 사이의 임시 중보자로 역할을 수행하였지만 죄를 없이하고 영원한 중보자는 아니었다. 그들은 세상에 오실 중보자이신 예수 그리스도의 모형에 불과하였다. 모세나 엘리야도 이들 중의 하나였다.

모세나 엘리야는 성경의 주인공도 아니며, 우리의 구원자도 아니다. 율법이나 선지자를 통해서는 구원을 얻지 못한다. 율법이나 선지자는 하나님의 말씀으로 유익한 것이지만 우리 구원을 위해서는 미흡한 것이다. 오직 우리 구원의 길은 예수님뿐이며, 우리에게 구원을 줄 만한 말씀도 오직 예수 그리스도의 말씀밖에 없다. 그래서 예수님은 "내가 율법이나 선지자를 폐하러 온 줄로 생각하지 말라 폐하러 온 것이 아니요 완전하게 하려 함이라"(마 5:17)라고 하셨다.

율법은 미완성의 도리이다. "(율법은 아무것도 온전하게 못할지라) 이에 더 좋은 소망이 생기니 이것으로 우리가 하나님께 가까이 가느니라"(히 7:19)라고 성경은 말한다. 율법은 그 자체가 온전하지 못하고 약점이 있으므로 율법을 가르치고 수행하는 제사장들도 온전하지 못하고 약점이 있었다. 이를 성경은 "율법은 약점을 가진 사람들을 제사장으로 세웠거니와 율법 후에 하신 맹세의 말씀은 영원히 온전하게 되신 아들을 세우셨느니라"(히 7:28)라고 한다.

율법으로는 구원을 받지 못한다. 성경은 "율법은 장차 올 좋은 일의 그림자일 뿐이요 참 형상이 아니므로 해마다 늘 드리는 같은 제사로는 나아오는 자들을 언제나 온전하게 할 수 없느니라"(히 10:1)라고 한다. 율법은 구원의 실체가 아니라 그림자이다. 율법은 장차 올 좋은 일의 그림자일 뿐이다. 장차 올 좋은 일이 무엇일까? 장차 올 좋은 일이란 예수님이시며, 예수님의 말씀이다.

율법은 구원의 조건이 아니라 구원의 결과이다. 구원의 상징인 출애굽은 순전히 하나님의 은혜였다. 야곱의 후손인 이스라엘의 행위가 아니라 하나님의 사랑으로 출애굽이 가능했다. 출애굽 이전에 율법을 주시고 잘 지키면 출애굽하시겠다는 것이 아니라 출애굽 후 광야에서 십계명을 주셨다. 율법은 출애굽의 결과이며, 구원 받은 사람에게는 율법이 필요하다는 것을 의미한다. 예배, 전도, 십일조, 섬김 등이 구원의 조건이 아니라 구원 받은 사람에게는 이런 행위가 필요하다는 뜻이다.

바울은 율법에 대해 한탄하고 있다. 로마서 7장 9절에는 "전에 율법을 깨닫지 못했을 때에는 내가 살았더니 계명이 이르매 죄는 살아나고 나는 죽었도다"라고 고백한다. 율법이란 용서나 사랑이 아니라 죄의식만 살아나게 한다. 율법에는 사랑과 은혜라는 예수님의 마음이 빠져 있으므로 율법은 죄만 살아나게 하는 것이다. 그래서 예수님은 율법에 은혜와 사랑을 채워서 완전하게 하신 것이다.

오래전 교회 학교를 섬길 때에 교사로 일하던 젊은이가 있었다. 이 교사는 일류 대학을 졸업하여 당시 선망의 대상이던 은행에 취직하여 누가 봐도 일등 신랑감이었다. 어느 날 상담을 신청하여 자신의 과거를 소상하게 털어놓았다. 그리고 자신이 지은 죄를 고백하며 기도를 요청하였다. 용서를 구하는 기도 끝에 그는 큰 소리로 '아멘' 하였다. 그러나 그 이후 그는 만날 때마다 자신의 죄를 다시 떠올리기를 반복하였다. 여러 해가 지난 다음 그는 미국으로 이민을 떠났고, 미국에서 만났을 때 다시 옛날의 케케묵은 그 죄를 다시 얘기하는 것이었다. 그는 평생을 사죄의 은총 없이 율법만을 가지고 살아가는 듯하였다. 사랑과 용서를 뺀 율법만 가지고는 결코 평안도 자유함도 없다.

유대인들은 율법을 소중히 여긴다. 그리고 그들은 법 만들기를 좋아한다. '오직 은혜'에서도 말한 대로 유대인은 10계명을 613개의 작은 계명으로 만들었다. 유대인들은 아침에 눈을 뜨면 움직이는 순간부터 지켜야 할 계명이 있다. 눈을 감을 때까지 유대인들은 계명에 갇혀 살게 되는 것이다. 그러므로 계명은 행동을 제한하고 그 많은 계명을 완벽하게 지키며 산다는 것은 불가능한 것이다.

우리나라에도 법률 전문가가 아니면 얼마나 많은 법이 있는지 심지어는 법조인들조차도 잘 알지 못할 것이다. 아침에 일어나 문밖을 나오면 그 때부터 도로 교통법이 감시하는 것처럼 법은 알면 알수록 행동을 제한하는 것이다.

율법만을 가지고는 구원을 얻을 자가 없다. 심지어 율법의 대표자라고 하는 모세도 율법만을 가지고 따진다면 구원을 얻지 못했을 것이다. 모세는 히브리인을 괴롭히는 애굽인을 쳐 죽여 모래 속에 감추었다. 모세는 '살인하지 말라'는 십계명을 어겼다. 모세는 애굽 여인을 후처로 얻어 아론과 미리암의 비난을 샀다. 모세는 '간음하지 말라'는 십계명을 어겼다. 그 외에도 모세는 우리와 같은 사람으로서 흠이 많은 사람이었다. 율법의 잣대로 보면 모세도 구원에 이를 수 없는 부족함 투성이였을 것이다.

예언이란 하나님의 은사이다. 선지자와 예언자는 특별한 차이가 없이 혼용되는 단어로 하나님의 말씀을 전언하며, 사회를 비판하며 하나님의 뜻을 선포하며, 다가올 미래에 대한 하나님의 계시를 전하였다. 성경에는 선지자 혹은 예언자 외에 선견자가 등장한다. 선견자는 하나님의 뜻을 백성에게 전파하고 가르치며, 왕에게 하나님의 말씀을 전달하고, 지도자를 세워 기름을 부으며, 왕의 행적을 족보에 기록하는 일을 하였다. 사무엘은 자신을 선견자라고 했으며(삼상 9:19), 잇도(대하 9:29), 예후(대하 19:2), 아모스(암 7:12), 아삽(대하 29:30), 헤만(대상 25:5), 사독(삼하 15:27), 하나니(대하 16:7), 여두둔(대하 35:15) 등을 선견자라 불렀다.

기독교는 두 가지 큰 기능을 가진다. 하나는 영성적 기능(spiritual function)이며 또 다른 하나는 예언자적 기능(prophetic function)이다. 그래서 기독교를 영성적 기능을 가진 영성적 종교이며 동시에 예언자적 기능을 가진 예언자적 종교라고 한다. 영성적 기능이란 구원의 기능이며, 예언자적 기능이란 사회를 하나님의 말씀으로 깨우치는 사회적 기능이다. 일반적으로 교회사가들은 유럽 교회들의 급속한 쇠퇴의 원인을 예언자적 기능에 지나치게 치중했기 때문이라고 평가한다. 예언자적 기능에 지나친 무게를 두어 유럽 교회가 쇠퇴하였다면 한국 교회는 두 기능의 균형을 유지하여야 할 것이며 특히 영성적 기능의 회복을 위하여 노력하여야 할 것이다. 교회 무게 중심의 이동은 교회가 쇠퇴하게 하는 중요한 요인이 된다는 의미이다. 교회가 사회적 기관인 것은 사실이지만 사회 정의 실천, 정치 참여, 교회의 도덕성 회복 등에 지나치게 치중하면 교회가 쇠퇴한다는 것이다. 이런 예언자적 기능이 교회에 필요하지만 영성적 기능과 균형을 잘 이루어야 교회는 건강하게 되는 것이다.

모세와 엘리야는 예수님이 없이는 절대로 완전할 수 없다. 율법과 선지자는 하나님의 말씀이 없이는 절대로 구원할 수 없다. 모세와 엘리야는 훌륭하지만 우리와 같은 인간이었고, 율법과 선지자의 글은 삶에 유익한 말이지만 구원을 이루지는 못한다. 오직 예수님만이 우리의 구원자이시고, 예수님의 말씀만이 구원에 이르는 길을 제시한다.

이 땅에서 교회가 존재하는 이유는 율법이나 선지자가 아니다. 교회는 성도들의 친목 단체가 아니다. 교회는 쇼핑몰과 같은 눈요기나 놀이터가 아니다. 교회는 도덕론자들의 윤리 집단이 아니다. 교회는 죄를 지은 사람들의 교도소가 아니다. 교회는 죄인들 모두가 함께 들어와 은혜로 구원을 얻고 하나님의 말씀을 듣는 곳이다.

율법을 잘 지키며 착하게 사는 것은 그리스도인에게 절실한 삶의 행실이다. 예언자적인 삶을 살며 사회 정의를 실현하는 것도 그리스도인에게 필수적인 삶의 행실이다. 최근에 교회와 그리스도인에 대한 비난과 폄훼는 바로 이렇게 살지 못하는 흠결을 지적하는 것이다. 그러나 이것이 우리가 예수를 믿는 궁극적 목적은 아니다. 이런 행실은 믿음의 결과이어야 하고, 이런 행실에 이르러야 참다운 그리스도인이라고 할 수 있다. 우리가 예수를 믿는 궁극적인 목적은 예수 그리스도를 통하여 구원을 얻는 것이다. 하나님의 나라를 소유하는 것이다. 영생을 얻고 영원히 사는 것이다.

필립 멜랑히톤(Philipp Melanchthon)은 마르틴 루터의 가까운 친구였다. 그는 대학자이며 종교 개혁자로서 '아우구스부르크 신앙 고백'의 저자이며 학자로서 냉정한 기질의 소유자였다. 그는 종교 개혁에 참여한 후에도 수사처럼 고매한 절제력을 잃지 않았고 율법적 윤리를 고수하였다. 참다못한 루터는 멜랑히톤에게 "제발 밖에 나가서 죄를 좀 짓고 와 보게. 그래야 하나님도 자네를 용서하실 게 있지 않겠는가?"라고 하였다고 한다.

율법적, 윤리적으로 산다고 구원을 얻는 것이 아니다. 도덕론자가 구원을 얻는 것이 아니다. 그리스도인의 삶이 윤리적이어야 하는 것은 구원의 결과이다. 사회 정의를 외치며 정의를 구현하는 삶을 산다고 구원을 얻는 것도 아니다. 구원은 예수 그리스도를 믿는 믿음으로만 가능하며, 오직 예수님만이 우리의 구원자가 되신다.

04_ 오직 그리스도(Solus Christus)

2.
오직 예수님이 메시아이시다

누가복음 9장 36절에는 "소리가 그치매 오직 예수만 보이더라"라고 한다. 모세와 엘리야는 예수님이 구원자로 오심을 증거하는 선구자였고, 그리스도의 모형이었다. 모세와 엘리야는 구원자가 아니며 우리 믿음의 대상이 아니다. 우리의 구원자는 오직 예수님이며, 오직 예수님만이 우리의 믿음의 대상이다.

'오직'이란 말은 헬라어의 '모노스'이다. 오직이란 그리스도의 유일성을 강조하는 말이다. 유대인들에게 모세와 엘리야는 신적인 존재였다. 특히 모세에 대한 유대인의 추앙은 하나님의 자리를 넘볼 정도로 높이 있었다. 선지자로서 엘리야의 존재도 어떤 다른 선지자에 비견할 수 없을 정도로 높았다. 지금도 유대인에게는 모세와 엘리야의 존재감이 조금도 변하고 있지 않지만 당시에 구약적 사고

속에 살던 유대인에게는 예수님보다 모세와 엘리야였다. 예수님의 제자들도 유대인의 전통을 버리지 못하고 있었을 것이다. 이런 유대인의 전통과 종교적 관습을 깨기 위하여 제자들에게 모세와 엘리야는 사라지게 하고 오직 예수님만 보게 하신 것이다.

'오직 그리스도'는 그리스도만이 구원의 길이며, 믿음의 대상이라는 명제이다. 특별히 종교 개혁자들에게는 당시 교회의 구원관과 믿음의 대상에 대한 바로잡기였다. 가톨릭 교회에서는 그리스도가 구원자이지만 성모를 통하여도 구원을 얻을 수 있다고 하였기 때문이다. 종교 개혁 당시나 지금이나 여전히 마리아를 구원과 믿음의 대상으로 삼고 있다. 가톨릭 교회에서는 마리아를 승화시켜 기도의 대상으로 삼고, 마리아가 구원의 중개자라는 성모구원설인 '동시 속죄설'을 가지고 있다. 그리고 마리아는 죄가 없는 인간으로 태어났다는 '성모무염시태'(無染始胎)와 마리아가 평생 동정녀로 살다가 승천하였다는 '성모몽소승천'(蒙召昇天)설을 가지고 있다.

그러나 개신교에서 인정하는 성경인 '정경'에서는 "그 어머니는 마리아, 그 형제들은 야고보, 요셉, 시몬, 유다라 하지 않느냐"(마 13:55)라고 하여 예수님의 형제들이 있었음을 증거하고 있고, "무리가 예수를 둘러 앉았다가 여짜오되 보소서 당신의 어머니와 동생들과 누이들이 밖에서 찾나이다"(막 3:32)라고 하여 예수님은 누이들도 있었다고 한다. 마리아는 요셉과의 사이에서 여러 자녀들을 두었고, 예수님께서 십자가에서 어머니를 요한에게 부탁한 다음에 요한이 에베소 감독으로 갈 때에 함께 가서 에베소에 머물렀던 흔적

04_ 오직 그리스도(Solus Christus)

이 에베소에 남아 있다.

현재 '에페스(Efes)'라 불리는 에베소에 가면 '성모 마리아 기념 교회'의 터가 보존되어 있고, 성모 마리아의 전승들이 전해지고 있다. 마리아가 하나님의 아들을 성령으로 잉태하여 이 땅에 태어나게 하신 사실만으로도 엄청난 희생을 했으며, 이런 희생과 특별한 선택으로 추앙을 받아 마땅하다. 그러나 성경을 왜곡하고 인간을 미화한 중세의 그릇된 교리와 전승들을 개혁자들은 과감하게 청산하고 '오직 그리스도'라고 하였다.

우리를 죄에서 구원할 수 있는 이름은 예수 외에 다른 이름은 없다. 모세나 엘리야를 통하여 구원 받은 자는 한 사람도 없다. 그들은 그리스도의 모형으로 하나님의 대언자요 백성의 선지자로 세우신 사람들이다. 엘리야가 선지자인 것은 잘 알고 있지만 성경은 모세도 선지자라고 한다(신 34:10; 행 3:22, 7:37).

'오직 예수'라는 말의 뜻은 이렇게 정리할 수 있을 것이다.

첫째는 예수님은 유일한 구원자시라는 말이다. 유일한 구원자란 말은 다른 구원자가 없으며, 예수 외에 다른 이름으로 구원 받을 수 없다는 것이다.

둘째는 예수님은 인간이 구원을 얻는 유일한 해답인 하늘나라로 가는 길이라는 말이다. 예수님은 친히 "내가 곧 길이요 진리요 생명이니 나로 말미암지 않고는 아버지께로 올 자가 없느니라"라고 하셨다. "곧"이란 말은 유일한 길이며, 다른 길은 없다는 것을 뜻한다.

셋째는 예수님은 유일한 광명한 빛이라는 말이다. 변화하신 예수님의 모습은 황홀하고 찬란한 빛의 모습이었다. 얼마 후에 모세와 엘리야는 사라지고 예수님만 남으셨다는 말은 예수님만이 "세상의 빛"(요 8:12, 9:5)라는 뜻이다. 모세도 엘리야도 빛은 아니다.

넷째는 예수님은 유일한 생명이며 부활이라는 말이다. 예수님은 친히 "나는 부활이요 생명이니 나를 믿는 자는 죽어도 살겠고"(요 11:25)라고 하셨다. 구원이란 영원한 생명을 얻는 것이다. 영원한 생명은 예수님을 믿음으로 얻는 것이다.

그리스도교는 그리스도(基督)이다. 어떤 이는 한국에서는 '예수교'와 '기독교'의 갈등과 싸움이 빈번하므로 예수와 그리스도가 싸우고 있다고 표현하였다. 위에서 말한 대로 예수 그리스도라는 말은 예수는 그리스도라는 말이다. 예수와 그리스도는 갈등을 가질 이유도, 싸울 명분도 전혀 없다. '그리스도교는 그리스도'라는 말은 그리스도교는 철학이 아니며, 엄밀히 말하면 종교가 아니라는 뜻이다. 그리스도께서 세상에 사시고, 말씀하시고, 죽으시고, 다시 사신 기쁜 소식이 그리스도교라고 할 수 있다.

바울은 기독교 신학의 뿌리를 세운 사도이다. 그는 가말리엘의 문하에서 율법을 공부한 학자였다. 당시에 가말리엘의 제자가 된다는 것은 요즘 세계 최고의 대학에 입학하는 것보다 더 어렵고 대단한 일이었다. 히브리서의 저자는 오래전까지는 바울이라고 알려졌다. 그러나 현대는 저자 미상이 정설로 여겨진다. 저자가 바울이라는 전승은 신약 안의 구약이란 별명을 가진 히브리서를 기록할 만한 율법적 지식을 가진 자는 신약 시대에 바울밖에 없었다는 것이다.

저자 미상설은 당시에 서간문 서두에 항상 저자를 밝히는 관습이 있었는데 히브리서는 저자를 밝히지 않으며, 바울이었다면 분명히 바울이 자신의 저작임을 밝혔을 것이라는 것이다.

또한 바울은 당시의 철학에 능통하고, 학문적으로 탁월했다. 바울은 아테네에서 에피쿠로스와 스토아 철학자들과 쟁론하였다(행 17:18). 당시 헬라에는 우수한 에피쿠로스 철학자들과 스토아 철학자들이 많이 있었고, 이들의 철학적 지식은 상당한 수준이었다. 그런 환경에서 바울은 헬라인도 아니었지만 그들과 상대할 만큼 철학에도 능통하였던 것이다. 바울의 저작인 로마서와 갈라디아서는 기독교의 가장 기본적인 교리인 구원론을 기록하였고, 에베소서는 교회론을 정리하였고, 디모데전서와 후서 그리고 디도서는 목회론을 잘 설명하고 있다. 그런데 바울은 박식한 율법이나 철학이 아닌 오직 예수 그리스도와 복음으로 기독교의 신학 체계를 세웠다.

갈라디아서 1장 12절에는 "이는 내가 사람에게서 받은 것도 아니요 배운 것도 아니요 오직 예수 그리스도의 계시로 말미암은 것이라"라고 한다. 바울은 자신의 구원과 생명이 오직 예수 그리스도로 말미암은 것임을 확실하게 고백하고 있고, 나아가 자신의 학문이나 지식이나 지혜도 오직 예수 그리스도에게서 나온 것이라고 말하고 있다.

오래전 어느 기독교 신문에 목사들이 전반적으로 일반 상식이 모자란다는 기사를 보았다. 목사들이 독서를 할 때 설교 준비를 위한 독서를 하므로 독서의 내용이 편중되어 있다는 것이다. 그래서 이전에도 그러했지만 더 열심히 역사, 자연 그리고 관심이 있는 미래에 관한 책들을 열심히 보려고 애썼다. 주말이면 각 일간 신문에 나오는 신간 소개를 꼼꼼히 챙겨보고 필요한 책을 구입하여 읽었다. 그러나 이 또한 지나치면 설교자로서 목회자의 바른 태도는 아닐 것이다. 설교는 과학이나 역사 이야기가 아니기 때문이다.

그런데 최근에는 '설교에 예수님이 없다'라는 말을 쉽게 듣는다. 사회나 교회를 비판하는 정의로운 말도 있고, 신학자들의 신학이론과 히브리어나 헬라어를 인용하는 지식도 있지만 예수님이 빠진, 복음에 벗어난 말들이 난무하기가 쉽다. 아무리 멋있는 문장이나 스토리텔링이 있어도 예수님이 없으면 설교는 아니다. 설교에는 역사도, 문학도, 예술도, 과학도, 유머도 다 도움이 될 수 있지만 예수님 외에 이런 것들이 드러나면 설교는 아니다. 설교는 오로지 예수 그리스도가 증거되어야 하며 복음이 전파되어야 한다.

예수님이 신앙의 대상이요, 증거의 대상이라는 사실이 얼마나 중요한지 모른다. 사도신경은 사도신조(使徒信條) 혹은 종도신경(從徒信經)이라 불리는 서방 교회의 중요한 고백문이다. 그리스도인으로서 기본적으로 믿어야 할 교리를 요약하여 정리한 사도신경은 기독교 초기의 공의회가 확인한 주요 교리를 담고 있다. 사도신경은 사도들이 예루살렘에서 세계 여러 곳으로 선교를 위해 흩어지기 전에 만들었다는 전설이 있지만 이는 사실이 아니며, 사도들이 만든 것이 아니라 사도들의 신앙 전승을 따라 후대에 만들어진 것이다.

서방 교회에서는 니케아 신조나 콘스탄티노플 신조 대신 사도신경을 사용하며 동방 교회에서는 이를 인정하지 않는다. 초기 기독교 교회가 2세기 무렵 영지주의와 몬타누스주의 등 이단 사상에 대처하기 위하여 사도신경을 기독교의 신조로 고백하게 하였고 이를 거절하거나 부인하면 이단으로 간주하였다.

오래전 어느 목사님이 당당하게 이렇게 말하였다. "나는 사도신경의 모든 조항을 신앙으로 고백하지만 '동정녀 마리아에게서 나시고'는 믿어지지 않아 고백할 수 없다. 사도신경을 고백할 때에 그 부분은 고백하지 않고 입을 다물고 있다가 '본디오 빌라도에게 고난을 받아'로 다시 시작한다." 개인적으로는 어처구니없는 말이었고, 인본주의적인 발상이라고 생각하였다.

그래서 그분에게 이렇게 말했다. "어떻게 그 부분만 믿어지지 않습니까? 전능하신 하나님을 고백한다면 하나님이 전능하시니 동정녀 탄생도 가능할 것이고, 죽었다가 다시 사시는 것도 가능할 텐데 유독 그 부분만 믿어지지 않는다면 그 자체가 모순입니다. 신앙 고백이란 모두를 믿든지 모두를 믿지 않든지 둘 중의 하나입니다." 사도신경의 신앙 고백은 첫 고백이 전체 신앙 고백의 서론이며 이 고백으로 나머지 모든 고백이 가능한 것이다.

우리가 주일 예배 때마다 고백하는 '사도신경'의 가장 긴 고백은 예수님께 대한 고백이다. 성부 하나님께 대한 고백은 "나는 전능하신 아버지 하나님 천지의 창조주를 믿습니다"라는 한 절이다.

그러나 예수님께 대한 고백은 "나는 그의 유일하신 아들 우리 주 예수 그리스도를 믿습니다. 그는 성령으로 잉태되어 동정녀 마리아에게서 나시고, 본디오 빌라도에게 고난을 받아 십자가에 못 박혀 죽으시고, 장사된 지 사흘 만에 죽은 자 가운데서 다시 살아나셨으며, 하늘에 오르시어 전능하신 아버지 하나님 우편에 앉아 계시다가, 거기로부터 살아 있는 자와 죽은 자를 심판하러 오십니다"라고 길게 고백한다. 성령 하나님은 "나는 성령을 믿으며"라고 짧게 고백한다.

다시 말하면 성부와 성령은 짧게 고백하지만 성자 예수님은 길게 고백하는 것이다. 사도신경의 고백은 성자 하나님 중심의 고백이라는 것을 알 수 있다. 삼위일체론적으로 본다면 성부와 성자와 성령은 동격의 하나님이신데 신앙 고백은 성자 중심으로 되어 있는 것이다.

앞에서도 말한 대로 니케아 종교 회의는 기독교 역사에서 가장 중요한 여러 결정을 하였다. 예수님은 신성과 인성을 가지고 오셨다는 두 본성론이 그 하나이며, 부활절을 춘분 지나고 만월 지난 주일을 부활절로 정하는 결정도 하였다. 예수님은 '참 하나님'(vere deus)이시며 동시에 '참 사람'(vere homo)으로 성육신하셨다. 앞에서 말한 대로 성경은 예수님을 "사람이신 그리스도"라고 한다(딤전 2:5). 초대 교회의 교부인 오리겐은 예수님을 '데오안트로포스', 즉 신인(神人)이라 하였다. 예수님이 사람이 되신 것은 오로지 인간 구원 때문이었다. 인간을 구원하시기 위하여 하나님은 위대한 하나님만이 하실 수 있는 그 일을 하신 것이다.

예수님은 참 하나님이시며 동시에 참 사람으로 이 세상에 오셨다. '성육신'(incarnation)이란 육신(carne)으로 들어오셨다(in)는 뜻이다. 하나님이 사람의 육신 속으로 들어오신 것이다. 하나님이신 예수님께서 사람이 되신 것은 우리를 구원하시기 위한 하나님의 수단, 흔히 말하는 '신의 한 수'였다. 이 하나님의 수단은 하나님 외에 누구도 할 수 없는 것이었다. 인간은 영원한 죄인이다. 인간은 스스로 죄를 사할 수 있는 능력이 전혀 없다. 인간의 죄를 사할 수 있는 능력은 하나님께만 있다.

그리하여 하나님이신 예수님이 인간이 되어 오셨다. 그리고 구약 전체에 흐르는 구원의 비밀은 피 흘림이다. 구약의 제사법전에서 짐승을 잡아 피를 제단에 뿌리는 것은 피를 흘림으로 인간의 죄를 사하시는 상징이다. 피를 흘려야 인간의 죄를 사할 수가 있고, 피 흘림이 없으면 죄를 사할 길이 없다. 신약 속의 구약이라고 하는 히브리서에는 "율법을 따라 거의 모든 물건이 피로써 정결하게 되나니 피흘림이 없은즉 사함이 없느니라"(히 9:22)라고 한다. 피 흘림이 있어야 인간의 죄를 사할 수 있는데 하나님은 피를 흘릴 수가 없다. 하나님은 죽지 않는 분이시다.

그래서 사람이 피를 흘려 인류의 죄를 사해야 하므로 예수님은 사람으로 오셔서 구원자가 되신 것이다. 인류를 구원하시기 위하여 예수님께서 하나님이시며 동시에 사람이셔야 하는 까닭이 여기에 있다. 예수님은 한번으로 영원한 제물인 어린양이 되셔서 피를 흘리시고 우리를 사하신 것이다.

이탈리아의 신학자요 스콜라 철학의 아버지라고 불리는 안셀무스는 캔터베리 대주교를 지내면서 하나님의 존재에 대한 존재론적 논증을 제시하였다. 그리고 그는 《왜 하나님이 사람이 되셨는가》(Cur Deus homo)라는 대작을 남겼고 특히 이 책에서 그리스도의 성육신의 이유를 설명하며, 인간 구원에 대한 구원론을 적시하였다. 인간의 죄는 인간이 감당해야 하는데 인간은 갚을 수 없으므로 죄를 갚을 수 있는 하나님이 인간이 되셔서 이 땅에 오시고, 인간의 모든 죄를 담당하시는 순종의 삶을 맡으셨다.

안셀무스는 오랜 교부들의 전승인 그리스도의 죽음이 사탄에게 지불된 죄의 대가인 속전(贖錢)이라는 견해를 부인하였다. 하나님께서 사탄에게 속전을 낼 이유가 없다는 것이다. 인간의 죄책은 인간의 평범한 과오가 아니라 율법을 인간의 의지로 범한 것이며, 하나님께 마땅히 드릴 영광과 명예를 훼손한 것이라고 하였다. 그는 인간의 죗값을 하나님이 치르신다고 하였다.

그리고 안셀무스는 죄책을 강조하는 바른 태도를 취하였다. 죄책을 진지하게 다룬 그는 그것이 단순한 과오가 아니라 율법을 범한 것이며, 하나님께 마땅히 드려야 할 명예를 훼손한 것이라고 주장했다. 즉 초대 교회 때 속전을 사탄에게 지불한다는 데서 더 나아가 인간의 죗값을 하나님이 치른다는 교리는 훨씬 더 성경적임을 나타내고 있다. 하나님께서 인간의 죗값을 치르시고 예수 그리스도의 죽음으로 인간을 구원하셨다는 것이다. 이런 하나님의 구원에 대하여 인간이 할 일은 예수를 그리스도로 믿는 것이다.

　로마가 전성기에 접어들 무렵인 기원전 27년 천하를 평정한 옥타비아누스(Octavianus)는 원로원으로부터 아우구스투스(Augustus)라는 칭호를 받았다. 아우구스투스는 '존엄자'라는 뜻이다. 이때로부터 제정 로마 시대라 불리는데 기원후 180년 황제이며 스토아 철학자였던 마르쿠스 아우렐리우스(Marcus Aurelius)가 세상을 떠날 때까지 약 200년간을 '팍스 로마나'(Pax Romana) 즉 '로마의 평화'라고 불렀다. 로마 제국이 막강한 무력을 앞세워 지중해 일대를 장악하고 큰 전쟁이 없었던 평화로웠던 시기였다. 로마가 '팍스 로마나'를 외칠 수 있었던 것은 아우구스투스가 40년 동안 도로를 닦고, 수도를 정비하여 당시에 로마를 100만 명이 거주하는 세계 제일의 도시로 만들었기 때문이었다. 로마를 영원한 도시로 만들기 위하여 길을 닦았는데 길은 직선으로 만들어야 한다는 그의 생각에 로마의 공병대는 8만 5천 킬로미터의 길을 만들었다. 그래서 '모든 길은 로마로 통한다'라는 말이 나온 것이다.

　영원히 멸망할 것 같지 않던 로마 제국은 395년에 동로마와 서로마 제국으로 분열되었다. 제국이 분열되므로 약화하기 시작하였고, 서로마 제국은 476년에 멸망하였다. 이후 동로마 제국은 점점 힘을 잃게 되고 콘스탄티노플을 중심한 비잔티움 제국이 오스만 제국에 의해 1453년 함락을 당했다. 이탈리아를 비롯한 옛 로마 제국의 땅에는 화려했던 과거의 영광은 사라지고 미개한 종족들이 지배하는 왕국들이 차지하게 되었다. '모든 길은 로마로 통한다'는 말은 옛말이 되어버리고 말았던 것이다. 영원한 길은 이 세상 어디에도 없다는 것을 역사는 증명하고 있다. 예수 그리스도 외에 영원한 길은 세상에서 찾을 수가 없는 것이다.

우리가 잘 아는 타이태닉호는 1912년 4월에 초호화 여객선으로 건조된 인류 과학의 자랑거리였다. 46,329톤의 거대한 여객선은 그 길이가 272미터였고 보잉747 비행기 4대의 길이에 해당되는 떠다니는 궁전이라 불렸다. 타이태닉은 최첨단 기술의 집약체로 절대로 침몰하지 않는다고 불침선이라 했다. 영국의 사우샘프턴을 출발하여 미국의 뉴욕으로 처녀 항해하던 타이태닉은 빙산과 충돌하여 침몰하고 말았다. 승객 2,224명 가운데 1,515명이 차디찬 바닷물에 수장을 당하였다. 사고 직후 사우샘프턴 항구에는 큰 상황판이 게시되었다. 그 게시판에는 명단들이 열거되어 있었다. 그 명단에는 두 종류의 명단밖에 없었다. 생존자와 사망자였다. 그날의 명단에는 남녀의 성별이나, 탑승자의 직업, 승객의 재산 등은 전혀 관심사가 아니었다.

우리가 하나님의 나라에 갔을 때도 예수 그리스도를 믿고 구원을 받았는가, 받지 못했는가 두 종류의 명단밖에 없을 것이다. 이 세상의 다른 어떤 조건도 하나님 앞에서는 관심사가 아니라는 것이다.

유언을 보면 그 사람의 신앙과 삶의 모습을 알 수 있다. 석가모니는 '다른 누구로도 말고, 오직 스스로를 등불로 삼으라'이다. 교

04_ 오직 그리스도(Solus Christus)

황 요한 바오로 2세는 '내가 아버지의 집에 가게 해주시오'이다. 김수환 추기경은 '고맙습니다. 사랑합니다'이다. 헤밍웨이는 '일어나지 못해 미안하오'이다. 걸레스님 중광은 '괜히 왔다 간다'이다. 미국의 유명 야구 선수 조 디마지오는 '마침내 마릴린 먼로를 볼 수 있겠군'이다. 가수 휘트니 휴스턴은 '주님을 보러 갈 거야'이다. 우리나라의 소설가 최인호는 '주님이 오셨다. 이제 됐다'이다. 유언을 잘 보면 그 말 속에 예수님이 있는지 없는지, 천국의 소망이 있는지 없는지 쉽게 알 수가 있다.

초대 교회의 최봉석 목사님은 최권능 목사님이라 불렸다. 그분은 어디에 가나 "예수 믿고 천당 가시오"라고 전도하였다고 한다. 누굴 만나든지 "예수 천당"을 외쳤다. 한 번은 평양에서 전차를 기다리던 학생에게 "예수 믿고 천당 가시오"라고 했다. 그랬더니 그 학생은 "나 평양신학교 학생이오"라고 했다. 그 때 최 목사님은 "신학생도 예수 믿고 천당 가시오"라고 하였다. 최 목사님이 전도하다가 일본 경찰에 잡혀가서 심문을 받고 매질을 당하였다. 매질을 할 때마다 목사님은 "예수 천당"을 외쳤다. 일본 경찰은 왜 자꾸 소리를 지르느냐고 다그치며 물었다. 그때 최 목사님은 "내 몸에 예수님이 꽉 차서 건드리면 예수님이 튀어나온다"고 하였다. 바울이 말한 대로 최 목사님의 온몸에는 예수님으로 가득 차 있었던 것이다.

헬라의 오랜 민화 가운데 '오페이로'라는 이야기가 있다. '오페이로'는 헬라어로 '짐을 지다'라는 뜻이다. 오페이로는 세상에서 무적의 장사로서 세상에서 가장 위대한 분을 따르는 부하가 되는 것이 소원이었다. 그는 그 나라 왕의 신하가 되어 힘으로 공적을 많이 쌓았는데 하루는 왕이 '마귀'라는 말을 듣고 소스라치게 놀라는 것을 보고 마귀가 왕보다 더 힘이 세다고 여겨 마귀의 부하가 되었다. 마귀의 부하가 되어 악을 행하고 사람들을 고통당하게 하는 것이 너무 즐거웠다. 그런데 하루는 마귀가 길을 가다가 교회 앞에서 질색을 하며 십자가를 가리키며 그리스도가 가장 무서워하고 싫어하는 유일한 존재라는 말을 하였다. 그래서 그는 마귀를 떠나 그리스도의 부하가 되기로 하여 그리스도를 찾아 다녔으나 찾지 못하고 어느 강가에서 사람을 등에 업어 건너게 해주는 일을 하고 있었다. 그러던 중 하루는 한 소년을 업고 강을 건너는데 처음에는 가벼운 어린 소년이 강 중간에 갔을 때는 납덩이처럼 무거워져서 도저히 발을 뗄 수가 없었다. 그래서 그는 등에 업힌 소년에게 물었다. "당신은 누군데 이렇게 무겁습니까? 내 평생에 이렇게 무거운 사람은 만나보지 못했습니다." 그때 등에 업힌 소년은 "나는 그리스도입니다"라고 하였다. "그런데 왜 이렇게 무섭습니까?" 하고 다시 물었을 때 "나는 세상 모든 사람의 죄를 다 지고 있기 때문에 이렇게 무거운 것입니다"라고 하였다.

어떤 이는 이 이야기가 헬라의 역사를 단편적으로 설명하는 것이라고도 한다. 첫째는 헬라는 알렉산더와 같은 훌륭한 왕이 힘센 나라를 만들었다. 둘째는 헬라는 온갖 신화와 마귀와 같은 신들을 좇는 신화의 나라였다. 셋째는 바울이 그리스도를 전한 다음 헬라는 힘 있는 그리스도의 나라가 되었다는 것이다. 실제로 헬라는 전

04_ 오직 그리스도(Solus Christus)

국민의 98%가 동방 기독교인 희랍 정교회의 신도였다.

사도행전 9장 22절에는 "사울은 힘을 더 얻어 예수를 그리스도라 증언하여 다메섹에 사는 유대인들을 당혹하게 하니라"라고 한다. 바울은 예수님을 만나고 제일 먼저 한 일이 예수를 그리스도라고 증언하는 일이었다. 예수가 그리스도이심을 아는 것은 그리스도인의 첫 걸음이며 가장 중요한 신앙의 내용이다. 성경에는 200번 이상 '예수 그리스도' 혹은 '그리스도 예수'라는 말이 기록되어 있다. 예수 그리스도 혹은 그리스도 예수는 가장 중요한 신앙 고백이며 신학의 기본이다. 이 말보다 더 중요한 신앙인의 고백은 없다.

토머스 아퀴나스가 수도원에서 기도하는 가운데 하나님의 음성을 들었다. "내 사랑하는 아들아, 네가 무엇을 원하느냐?"라는 하나님의 물으심이었다. 그는 하나님께 이렇게 대답하였다. "주여, 당신이니이다. 그리고 그 외에는 아무것도 없습니다."

우리 그리스도인의 바람이 무엇일까? 가장 절실한 하나님께 빌 소원이 무엇일까? 그리스도인이 이 세상을 살아가는 목적이 무엇일까? "오직 예수 그리스도입니다. 그 외는 아무것도 없습니다." 이것이 우리 모두의 고백이 되어 '오직 그리스도'의 삶을 살아야 할 것이다.

05

오직 하나님의 영광
(Soli Deo gloria)

"그런즉 너희가 먹든지 마시든지 무엇을 하든지 다 하나님의 영광을 위하여 하라 유대인에게나 헬라인에게나 하나님의 교회에나 거치는 자가 되지 말고 나와 같이 모든 일에 모든 사람을 기쁘게 하여 자신의 유익을 구하지 아니하고 많은 사람의 유익을 구하여 그들로 구원을 받게 하라"(고린도전서 10:31-33).

05
오직 하나님의 영광(Soli Deo gloria)

'soli deo gloria'란 신학적 주제라기보다 그리스도인 생활의 목적이며, 인간 존재의 목적이며, 신앙의 목적이라고 할 수 있다. '오직 하나님의 영광'이란 삶의 목적이 하나님이며, 하나님만이 높임을 받으시고, 찬양을 받으시고, 예배를 받으실 대상이라는 것을 인정하는 것이다. 그런 의미에서 피조물인 인간이 창조자이신 하나님을 대하는 진솔한 자세이며 인간이 세워야 할 가장 중요한 목표이다.

앞에서 말씀 드린 대로 인간이 '오직 은혜'로 구원 받은 사실을 인정하면 하나님께 영광이 된다. '오직 믿음'이 구원의 길이며 삶의 주제가 될 때에 하나님께 영광이 된다. '오직 성경'을 하나님의 말씀으로 인정하고 그 말씀을 인생의 규범으로 삼을 때에 하나님께 영광이 된다. 그리고 '오직 그리스도'가 우리 구원의 길이며 주인인 것을 인정하면 하나님께 영광이 된다. 다시 말하면 '오직 하나님의 영광'이란 개혁자들의 다섯 가지 강령의 결론이라고 할 수 있다.

어린 시절에 들은 이야기이다. 석공 세 사람이 교회를 건축하는 일을 함께 하고 있었다. 이 세 사람에게 교회를 건축하고 있는 목적이 무엇이냐고 물었다.

첫 번째 사람의 대답은 '죽지 못해 어쩔 수 없이 이 일을 하고 있다'라고 하였다. 이 사람은 비관론자이다. 두 번째 사람의 대답은

'딸린 가족들이 있고 먹고살려니 이 일을 할 수밖에 없다'라고 하였다. 이 사람은 현실론자이다. 세 번째 사람의 대답은 '하나님의 영광을 위하여 하고 있으며 하나님의 교회를 건축하는 것이 큰 기쁨'이라고 하였다. 이 사람은 낙관론자이다. 삶의 목적을 자신이 아니라 하나님까지 승화한 사람이 진정 행복한 사람이다. 하나님께 영광을 돌릴 때 비로소 이런 행복이 자신의 것이 된다.

12세기 시토회 수도원장이었던 베르나르는 '하나님을 사랑하는 것에 관하여'에서 이렇게 말했다.

어떤 사람들은 하나님의 능력 때문에, 또 어떤 사람들은 하나님께서 그들에게 선하시기 때문에, 그리고 어떤 사람은 단지 하나님께서 선하시기 때문에 하나님을 찬양한다. 첫 번째 사람은 자신의 유익을 위해 두려워하는 노예이다. 두 번째 사람은 자신을 위해 이익을 갈망하는 장사치이다. 세 번째는 그의 아버지에게 영광을 돌리는 아들이다. 두려워하는 사람도 탐욕으로 가득 찬 사람도 자신의 유익을 따라 행동한다.

그러나 아들과 같이 사랑하는 사람은 자신의 유익을 구하지 않는다. 노예와 장사치는 하나님으로부터 말미암지 않는 법을 가지고 있다. 노예는 하나님을 사랑하지 않고, 장사치는 하나님보다 자신에게 유익이 되는 다른 것들을 더 사랑한다. 그들은 주님의 것이 아닌 법을 가지고 있다.

하나님이 지으신 세상의 모든 것, 하나님의 피조물에는 하나님의 영광이 가득하다. 하나님께서는 창조하신 모든 것이 하나님께 영광이 되도록 지으셨다. 마귀가 예수님을 시험할 때 "천하 만국과 그 영광을 보여"(마 4:8)라고 한다. 하나님께서 만드신 피조물과 그 영광을 자신의 것인 양 가로채는 것이 마귀의 일이다. 천하만국은 한 번도 마귀의 것이 된 적이 없다. 처음 하나님께서 창조하실 때부터 지금까지 그리고 영원토록 천하만국은 하나님께서 주인이신데 하나님은 한 번도 그 주인의 자리를 빼앗긴 적이 없다. 그런데 마귀는 하나님의 것임을 부인하게 하고, 하나님의 영광을 가로채려 한다.

하나님의 영광이 무슨 뜻인가? 하나님의 본질이 영광이라는 말이다. 하나님은 영광스런 존재라는 고백이다. 원래 영광이란 말의 원어는 대체로 빛을 의미했다. 히브리어의 영광이란 말은 '카보드'라는 단어인데 '무겁다'라는 뜻이다. 영광이란 무게가 있고 근엄하다는 뜻이다. 구약에서는 '카보드'라는 단어 대신 '쉐키나'라는 단어를 영광이라는 뜻으로 많이 쓴다. '쉐키나'는 빛이다.

그래서 성경에서는 하나님의 영광을 빛으로 묘사할 때가 많이 있다. 모세가 회막을 완공하였을 때 여호와의 영광이 회막에 충만하였다고 한다(출 40:34). 모세가 회막에 들어갈 수 없었던 것은 여호와의 영광이 가득했기 때문이다. 다시 말하면 하나님의 영광이 너무 눈부시게 찬란했기 때문이었다.

솔로몬이 성전을 완공하였을 때 성전에 여호와의 영광이 가득하였다(대하 7:1). 제사장들이 그 영광의 찬란함 때문에 성전에 감히 들어갈 수가 없었다(대하 7:2). 하나님의 영광이 빛으로 묘사된 것은 하나님께서 빛이시기 때문이다. "하나님은 빛이시라 그에게는 어둠이 조금도 없으시다는 것이니라"(요일 1:5)라고 성경은 말한다.

그리고 하나님으로 성육신하신 예수님을 요한은 이렇게 설명한다. "말씀이 육신이 되어 우리 가운데 거하시매 우리가 그의 영광을 보니 아버지의 독생자의 영광이요 은혜와 진리가 충만하더라"(요 1:14). 예수님은 영광으로 오셨고, 영광으로 오신 예수님은 세상에 오신 빛이시다(요 1:9, 3:19, 9:5).

성경은 "너희는 너희가 하나님의 성전인 것과 하나님의 성령이 너희 안에 계시는 것을 알지 못하느냐"(고전 3:16)라고 한다. 우리의 몸은 성령께서 거하시는 거룩한 성전이다. 우리의 몸이 성전이라면 하나님께서 하나님의 성전에 가득하게 하셨던 그 영광이 성전인 우리에게도 똑같이 가득하게 하실 것이다. 우리의 몸이 영광으로 가득해야 하며, 하나님의 영광으로 채워질 수 있도록 몸을 잘 가꾸는 것이 우리의 책임이다. 우리의 몸이 영광으로 가득하다면 우리를 통하여 하나님의 영광의 빛을 세상에 나타낼 것이고, 우리 속에 있는 그 빛을 보고 사람들이 하나님을 발견하고 하나님께 영광을 돌리게 될 것이다.

기독교 예술의 역사에서 '후광'이란 영광과 거룩함을 표현하는 중요한 표현 기법이었다. '할로'(halo) 혹은 '님부스'(nimbus)라 불리는 후광은 '광배'라고도 하며, 영어로는 '글로리'(glory)라고 하는 성성(聖性)의 표징이다. '할로'는 '왕관'(crown)이란 뜻이 있으며, '대관식'(coronation)이란 단어도 이와 같은 뜻을 품고 있다. 최근에 지구적

재난으로 경험한 코로나19의 코로나(Corona)도 왕관 혹은 면류관이란 뜻을 가진 역설적 단어이다.

후광은 중세 미술에서 필수적인 것으로 하나님, 신적 인격, 성인의 머리 부분을 원륜형(圓輪形) 혹은 원반형(圓盤形)으로 에워싸는 것으로 신성한 신분을 표현하기 위한 기법이었다. 후광은 2세기부터 회화에 나타나기 시작하였고 3세기에는 그리스도에게, 5세기에는 성모 마리아와 사도들에게, 6세기에는 천사와 성인들에게, 그리고 8, 9세기에는 생존하는 고승들과 특히 제왕들의 초상에까지 사용되었다. 처음에는 하나님께 사용했지만 시간이 흐를수록 인간에게 확대하여 사용하였다.

최근에는 '아우라'(aura)라는 말을 이와 동의어로 사용하여 "아무개에게 아우라가 있다" 등으로 사용하기도 한다. '아우라'는 독일의 유대계 철학자 발터 벤야민(Walter Bendix Schönflies Benjamin)의 '예술이론'에서 흉내 낼 수 없는 고고한 분위기를 뜻하는 말이었다. 예술 작품에서 느껴지는 고상하고 독특한 분위기 또는 독특한 품위나 품격을 뜻하는 단어이지만 최근에는 사람에게 사용하는 단어가 되었다.

하나님의 영광을 표현하기 위하여 사용하던 회화의 표현이나 문학 단어들이 점점 인간에게 사용되는 것으로 변질되고 말았다. 종교 개혁 직전에는 이런 현상들이 최고조에 달하게 되었다. 이렇게 기독교가 인본주의를 추종하고 인간중심으로 타락하므로 종교 개혁이라는 변곡점을 만나게 된 것이다. 하나님만이 영광을 받으실 대상이며 하나님만이 광채를 가지신다. 하나님이신 예수님도 하나님의 광채를 가지고 계셨다(막 9:3; 행 22:11).

성경에는 "그에게 영광을 돌리라"라는 말씀이 수없이 기록되어 있다. 이 말은 "그에게만" 즉 하나님께만 영광을 돌리라는 말씀이다. 그리고 "영광이 그에게 세세토록 있을지어다"라는 말도 여러 번 반복된다(롬 11:36; 갈 1:5; 딤후 4:18; 히 13:21 등). 이 말은 영광이 하나님께만 홀로 영원히 있기를 기원하는 말이다. 베드로는 하나님께만 영광이 영원히 있기를 바라는 마음으로 "영광이 이제와 영원한 날까지 그에게 있을지어다"(벧후 3:18)라고 강조하였다.

르네상스 시대의 화가 미켈란젤로(Michelangelo)나 티치아노(Tiziano)등은 후광을 완전히 배격하였다. 후광을 사람들에게 사용하는 것은 후광으로 표현하던 원래의 의미가 왜곡되었기 때문이다. 그러나 얼마 후 반종교 개혁자들에 의해 다시 후광을 교황, 성인 등 사람에게 사용하게 되었다. 종교 개혁자들과 종교 개혁 시대의 화가, 문학가, 음악가 등은 하나님 외의 사람이 영광을 받는 것을 철저하게 배격하였던 것이다.

신약에서는 영광이란 말이 헬라어의 '독사'이다. '독사'라는 단어의 뜻은 '인정하다'라는 의미가 있다. 하나님이 하나님으로 인정받는 것이 영광이다. 우리가 하나님을 하나님으로 인정하면 하나님께서 영광을 받으시게 된다. 하나님은 인정받기에 충분하신 분이시고, 인정받으실 때 우리에게 복을 주신다.

아들이 대학교를 졸업하고 대학원에 진학할 때였다. 대학교의 등록금과 대학원의 등록금은 상당한 차이가 있게 마련인데 대학원의 등록금은 당시만 하더라도 거액인 수백만 원이나 되었다. 그런데 아들과 나는 생활 리듬이 전혀 달라 좀처럼 집에서 만날 수가 없었다. 나는 새벽에 일어나야 했기에 저녁에는 일찍 잠자리에 드는 편이었다. 아들은 학교에서 공부니 실험이니 해서 늘 늦게 다니는 편이었다. 아들은 거액의 등록금 고지서를 출력하여 내 책상 위에 올려놓았다. 그리고 얼굴을 마주칠 수 없으니 작은 메모를 책상 위에 하나 남겨 놓았다. 그 메모지엔 긴 글이 아니라 딱 네 자만 적혀 있었다. 나는 새벽에 일어나 그 메모지를 들고 혼자 한참 웃다가 고지서를 가지고 교회로 갔다. 그 메모지엔 '아빠 내줘'라고 적혀 있었다.

나는 그날 고지서대로 등록금을 내주었다. 나는 아빠이고, 그 정도는 낼 수 있는 능력이 있었기 때문이다. 그리고 아들은 나의 의지나 능력에 대해 추호의 의심도 없었다. 내가 웃으며 거액의 등록금을 낼 수 있었던 힘은 아들이 나를 그런 아빠로 인정하고 있다는 사실 때문이었다.

하나님도 이와 같다. 하나님은 아버지이시고, 우리를 사랑하시고, 모든 것이 가능한 능력자이시다. 하나님은 우리가 하나님을 그렇게 인정해드리는 것을 기뻐하신다. 그리고 우리가 인정할 때에 하나님은 영광을 받으시게 되는 것이다.

영광을 두 가지로 구분할 수가 있다. 첫째는 '본체적 영광'이라고 하는 보통 영광이다. 이 영광은 만물이 하나님께 돌리는 본질적 영광이다. 시편에는 "하늘이 하나님의 영광을 선포하고 궁창이 그의 손으로 하신 일을 나타내는도다"(시 19:1)라고 한다. 하늘은 한 번도 "하나님, 영광 돌립니다", "하나님, 찬양합니다"라고 하지 않는다. 해와 달은 영광을 돌리지 않을 수 없게 창조되었다. 하나님께서 창조하신 우주는 하나님께 영광이 되게 설계되어 있었고 의지가 아닌 본성으로 영광이 되는 것이다. 이런 영광을 '본체적 영광'이라 한다. 하나님은 모든 것을 그의 영광을 위해 만드셨기 때문에 하나님의 영광 없이는 아무것도 존재하지 않을 것이다.

둘째는 '효과적 영광'이라고 하는 고등 영광이다. 이 영광은 사람이 자발적 의지를 가지고 돌리는 영광이며, 이 영광이 하나님이 가장 기뻐하시는 영광이다. 인간은 인격적인 존재이다. 하나님께서 인간에게는 인격을 주셔서 인간다운 모습을 갖추게 창조하셨다. 하나님께서 인간에게 주신 인격을 지키고 인격적으로 살아갈 때에 지으신 하나님께서 영광을 받으신다.

인격(person)이란 라틴어의 'persona'에서 유래된 단어로서 배우가 무대에서 자신이 역할을 맡은 극중 인물의 가면을 뜻했다. 당시에는 배우가 모자랄 때에 한 배우가 가면을 바꿔 쓰고 여러 인물을 연기하였다고 한다. 배우는 무대에서 자기의 소리, 자기의 몸짓, 자기의 마음을 전달하는 것이 아니라 주어진 각본에 따라 연기를 하게 되는 것이다. 사람은 자기의 소리나 자기의 마음대로 세상을 사는 것이 아니라 하나님께서 주신 하나님의 형상과 마음에 따라 소리를 내고 행동해야 한다. 이런 인격적 삶이 하나님께 영광이 된다.

성경에는 인간이 자신의 의지로 하나님께 영광을 돌리는 기록들이 있다. 특히 예수님의 기적으로 고침을 받은 사람들이 하나님께 영광을 돌렸다고 한다. 특히 예수님께서 열 명의 한센병자를 고치셨는데 그 가운데 사마리아인 한 사람만 예수님께 돌아와서 감사하였고 다른 아홉 사람은 감사하지도 않고 자기들의 길을 가버렸다. 예수님은 "이 이방인 외에는 하나님께 영광을 돌리러 돌아온 자가 없느냐"(눅 17:18)라고 하셨다.

고침을 받고도 감사하지 못하고 영광을 돌리지 못하는 사람이 많은가 하면 반면에 자신의 의지로 돌아와 감사하며 하나님께 영광을 돌리는 한 사람이 있었던 것이다.

이렇게 영광을 돌리지 않을 수 있지만 의지로 영광을 돌리는 것이 더 가치가 있는 것이다. 본체적 영광보다 효과적 영광이 더 하나님께 기쁨이 되는 이유이다.

성 이레니우스(Saint Irenaeus)는 "하나님의 영광은 인간이 온전히 살아가는 그 자체이다"라고 하였다.

2018년 영국의 건축 비평가인 올리버 웨인라이트(Oliver Wainwright)는 북한의 건축을 소개하는 《Inside North Korea》를 펴냈다. 저자는 평양의 중요한 건축물들 사진을 공개하면서 여기 건축물들은 자본주의 도시들과는 전혀 다른 사회주의 이념과 도시 계획을 담고 있다고 하였다. 그는 평양을 사회주의 유토피아를 꿈꾼 도시라고 표현하였다.

나는 오래전 대북 지원 재단 법인 두 개를 설립하여 나름대로 북한 지원 사업을 활발히 하였다. 대북 지원 사역 단체의 장으로서 북한을 여러 번 방문하게 되었다. 평양을 비롯한 비교적 많은 도시들을 방문하면서 가장 인상적인 곳 가운데 하나가 평양의 지하철 '영광역'이었다.

모스크바 지하철 양식을 모방하여 설계하였다는 이 역은 1965년에 완공된 지하 110미터에 위치한 세계에서 가장 깊은 지하철역이다. 에스컬레이터 위에서 아래를 내려다보면 까마득하게 느낄 정도로 한참 내려가야 한다. 다른 지하철역은 가보지 못하였지만 지하철역 가운데 가장 아름답고 웅장하다는 얘기를 들었다. 굵은 석조 기둥이 아름답게 장식된 천장을 받치고, 벽에는 사회주의 벽화를 모자이크로 정교하게 수놓고, 역 한가운데는 크리스털 샹들리에가 역 전체를 비추고 있다. 영광역의 전체적인 디자인은 주제가 인민들의 번영과 자유를 향한 의지라고 한다. 영광역은 김일성과 공산주의에 영광을 돌리는 역이라고 생각하였다.

종교 개혁자들은 '오직 하나님의 영광'이라 하였다. 중세 시대, 특히 중세 말기에는 하나님의 영광을 가로채는 인물들이 많이 있었다. 교회의 수장인 교황은 절대로 오류가 없다는 '교황무오설'(Papal Infallibility)이 교황을 하나님의 자리에 앉게 하였다. 교황무오설은 그 때만이 아니라 지금도 가톨릭 교회에서 살아 있는 교리이다. 1962년 10월 교황 요한 23세에 의해 소집되어 1965년 12월 바오로 6세 때에 폐회된 제2차 바티칸 공의회에서도 '교황무오설'을 다시 확인하였다.

미국 유학 시절 교황 요한 바오로 2세가 미국을 방문하였다. 미국에서도 교황의 방문은 드문 일이므로 국가적인 경사로 여겼다. 미국은 WASP(화이트, 앵글로색슨, 프로테스탄트)가 정치적 중심이라고 하는 전통이 있다. 이 전통은 가톨릭 신자인 케네디(John F. Kennedy)가 대통령이 되므로 깨어졌다. 아직도 개신교인이 주류이지만 그러나 많은 가톨릭 신자들이 있고 더구나 교황이 방문하는 것은 국가적 대사가 아닐 수 없었다.

교황이 움직일 때마다 방송 카메라가 함께 움직였고, 하루 종일 밀착 취재하는 방송국이 있었다. 나도 궁금한 마음에서 교황의 방문을 열심히 보고 있었는데 그 때 어느 방송의 아나운서는 교황의 호칭을 여러 개 사용하면서 'The Holy Father'(거룩한 아버지)라고 하였다. 그것도 'The'라는 정관사를 붙여 불렀다. 문법대로 해석한다면 '한 분이신 거룩한 아버지'라는 뜻이다. 그 때 너무 실망스럽고 속이 상해 텔레비전을 꺼버리고 그 이후로는 교황의 소식을 보지 않았다.

교황무오설은 교황에게 세속법정의 재판 거부권을 주었다. 결과적으로 교황이 인간이기를 거부하는 교리라고 할 수 있다. 이런 중세의 혼란한 상황 속에서 종교 개혁은 피할 수 없는 교회 정화를 위한 사건이었고, '오직 하나님의 영광'이 종교 개혁가들에게 중요한 외침이 되었던 것이다.

1.
하나님을 인정하고 중심으로 하는 생활이다

고린도전서 10장 31절 상반절에는 "너희가 먹든지 마시든지 무엇을 하든지 다"라고 하였다. 하나님을 인정한다면 하나님의 완전하심을 인정해야 한다. 하나님의 완전하심을 인정한다면 그리스도인의 삶 또한 완전함을 지향해야 한다. 완전하신 하나님은 하나님의 백성들에게도 완전한 헌신을 요구하신다.

당시 고린도 교회는 문제가 많은 교회였다. 세상에서 일어날 수 있는 거의 모든 문제가 엉켜 있는 문제투성이였다. 당파 문제를 비롯하여 패륜에 대한 문제, 소송에 대한 무제, 결혼에 대한 문제, 우상의 제물을 먹는 문제, 여자가 수건을 쓰는 문제, 성찬에 대한 문제, 은사에 대한 문제, 부활에 대한 문제 등 인간적으로는 해결하기 불가능한 문제들이 교회와 사회를 어지럽혔다.

이런 교회에게 바울은 '하나님의 영광'을 부르짖었다. 바로 하나님의 영광이란 한 마디에 문제의 해결책이 있다는 것이다. 고린도 교회가 가지고 있던 모든 문제들이 하나님의 영광을 위하는 하나의 목적을 가진다면 모든 것이 문제가 아니며, 화음을 이루며, 조화로워지며, 통일의 묘가 있다는 것이다. 당시의 고린도 교회뿐만 아니라 지금 우리 모든 교회들도 마찬가지이다. 인간관계도 마찬가지이다. 하나님의 영광을 위해서라면 어떤 것도 문제가 되지 않는다.

장로교 '소요리문답' 제1번은 "사람의 제일 되는 목적은 하나님을 영화롭게 하고, 영원토록 그를 즐거워하는 것이다"라고 한다. 하나님을 영화롭게 하고, 하나님을 즐거워하는 것이 사람의 제일 되는 목적이다. 하나님이 영화롭게 되시고, 하나님을 즐거워하는 것이 내가 영화롭게 되는 것이며, 내게 즐거운 일이다.

아버지가 기뻐할 때에 내가 기뻐하는 것이 자녀의 도리이다. 아버지를 슬프게 하고 내가 기뻐한다면 좋은 자녀라 할 수 없다. 하나님의 자녀인 우리는 하나님을 영화롭게 하고 즐거워하는 것이 우리의 목적이 되어야 하며, 이 때 우리가 기쁘고 즐거워야 우리가 참 자녀라고 할 수 있다.

이사야 43장 7절에는 "내 이름으로 불려지는 모든 자 곧 내가 내 영광을 위하여 창조한 자를 오게 하라 그를 내가 지었고 그를 내가 만들었느니라"라고 한다. 하나님께서 우리를 창조하신 목적이 무엇일까? 하나님께서 영광을 받으시기 위하여 지으셨다고 한다.

하나님의 영광을 위하여 창조된 자인 우리가 하나님을 영화롭게 해야 할 책임이 있다. 이것은 창조의 본질이며, 우리의 선택 사항이 아니라 필수 사항인 것이다.

우리의 삶은 하나님 중심이 되어야 한다. 하나님 중심의 삶이란 모든 삶의 의미들이 하나님을 위한 것이어야 한다는 뜻이다. 하나님 중심이란 사람 중심을 벗어난 전혀 새로운 삶을 의미한다. 삶의 방향이 완전히 반대편을 향한 삶이다. 사람이 아침에 일어나 제일 먼저 생각하는 것이 삶의 중심인데 이런 우선 사고가 하나님이라는 말이다. 세상의 중요한 것(importance)들보다 더 위급한 것(urgency)으로 삶의 무게를 옮겨 놓은 것을 말한다. 세상의 것들은 아무리 가치가 있다고 하더라도 중요한 것이지 위급한 것은 아니다. 중요한 것과 위급한 것을 분별하는 능력이 지혜이며, 곧 신앙의 모습이다.

인간의 교만이란 하나님과 같이 되려는 죄성에 기인한다. 뱀이 하와를 꼬일 때도 "하나님과 같이 되어 선악을 알 줄 하나님이 아심이니라"(창 3:5)라고 한다. 뱀은 인간에게 하나님같이 될 수 있다고 수시로 유혹한다. 인간의 수가 많아지고 힘이 생기자 "또 말하되 자, 성읍과 탑을 건설하여 그 탑 꼭대기를 하늘에 닿게 하여 우리 이름을 내고 온 지면에 흩어짐을 면하자"(창 11:4)라고 하며 바벨탑을 쌓았다. 하나님같이 되려는 교만으로 인간은 하늘의 하나님 자리를 넘보게 된 것이다.

인간이 성공하고 절대 권력을 가지면 자아도취를 넘어서 하나님과 같이 되려고 하였다. 애굽의 바로는 자신을 신격화하여 '신의 아들'이라 하였고, 로마의 시저도 황제를 신격화하여 '주'(키리오스)라는 호칭을 시저에게만 사용하게 하였다. 그리스도인들이 예수님을 '주'라고 하므로 시저가 분노하고 기독교 박해의 빌미가 되기도 하였다. 일본 천황도 신격화하여 '천'(天)자를 쓰고 있으며 살아 있는 신이라고 하였다. 천황 히로히토는 2차 세계대전이 끝난 후 "내가 신처럼 군림하는 것이 얼마나 힘든 일이었는지 사람들은 상상도 못할 것"이라고 하였다. 이렇게 하나님의 자리를 탐하고, 하나님의 영광을 가로채는 일은 인간이 죄를 지은 이후로 끊임이 없었다.

리처드 코니시(Richard Cornish)는 '기독교 역사 100장면'에서 어떤 의미에서 미국 자체가 청교도가 남긴 유산이라고 한다. 1776년 개척자들이 잉글랜드를 몰아내고 '독립 선언서'를 발표했을 당시 이들의 75%가 청교도였다. 그들의 탁월함과 교육, 정치, 정직에 대한 열정은 하나님의 영광을 위해 세상을 변화시키겠다는 비전에서 시작되었다고 한다. 코니시는 미국의 좋은 점은 거의 청교도에서 왔고, 나쁜 점은 이 세계관을 거부한 데서 왔다고 말해도 과장은 아니라고 한다.

미국은 건국 이래로 위대한 신앙을 이념으로 삼았고 하나님 중심의 문화를 계승하려고 애썼다. 미국의 문화는 하나님과 국가와 자아라는 세 가지 정신을 바탕으로 하고 있었다. 초창기 미국 사회는 삶의 의미를 하나님께 영광 돌리는 데 두었다. 그래서 미국의 화폐에도 'In God We Trust'(하나님 안에서 우리는 신뢰한다)라는 글귀를 새겨 놓았다. 그러나 19세기 강력해진 국력을 뒷받침으로 미국인들은 하나님과 그 나라를 미합중국이라는 나라로 대체하였다. 1960년에 접어들면서 공교육에서 성경 교육, 기도 등이 사라지게 되었고 지식, 과학, 물질이 '하나님의 영광'이라는 건국 이념의 자리를 빼앗고 말았다.

최첨단 과학을 앞세운 현대인들은 하나님의 자리를 빼앗아 기계에 주었다. 그래서 당당하게 'deus ex machina'(기계에서 나온 신)이라 한다. 기계가 현대인의 신이 된 것이다. 상상할 수 없는 컴퓨터 '빅 데이터'를 통하여 인간이 만든 인간인 '인공 지능'(AI)이 '슈퍼맨'의 역할을 담당하고 있다. 생명 공학의 발달로 최적의 맞춤형 복제 인간을 만들어 장기 적출용이나 사고 대비용 대역 등의 수단으로 유사시에 활용할 수 있다고 장담한다. 하나님만이 하시는 일을 인간은 손을 대기 시작하였고 스스로가 하나님을 대신하려고 한다. 하나님의 영광을 인간이 탈취하려는 무모한 도전을 하고 있다.

샌드위치는 빵과 빵 사이에 무엇이 들어 있느냐에 따라 이름이 달라진다. 그런 의미에서 볼 때 샌드위치는 밖의 빵이 아니라 안의 재료가 중심인 것이다. 그래서 붙여진 이름이 '햄 샌드위치', '에그 샌드위치', '치즈 샌드위치', '스테이크 샌드위치' 등으로 다양하게 변신한다. 사람에게도 이와 같은 원리가 적용되어 사람의 외형이 아니라 내면에 따라 그 사람의 이름이 달라지고 그 사람이 '아무개'라고 불려진다.

우리의 참 자아는 외형이 아니라 내면인 것이다. 나의 신분이나 직분이나 직업이 아니라 내면의 진솔한 모습이 나 자신이라는 것이다. 사회에서의 직위나 직업이 아니라, 교회에서의 직분이나 신력이 아니라 내면에 있는 하나님, 구원의 감격과 삶의 기쁨이 나 자신이라는 사실이다.

예수를 믿으면 거듭남의 체험을 하게 된다. 거듭남이란 삶의 중심이 완전히 변화되는 것을 의미한다. 예수를 믿고 거듭나면 변화하게 된다. 그러나 예수를 믿어도 본성적인 성격이 변하지는 않는다. 단지 그 성격이 긍정적으로 변하며, 옳은 데로 향하게 되는 것이다.

바울이 그러하였다. 바울은 강직하고 열심 있는 사람이었다. 그가 예수를 믿기 전에는 율법에 열심 있었고, 자신의 신념에 강직하였다. 예수님을 박해하고 예수 믿는 사람들을 잔해하는 일에 누구보다 열심이었다. 다메섹까지 가서 예수 믿는 사람을 박멸하려고 할 만큼 신념이 확고하였고 이것이 하나님을 위한 일이며 율법을 잘 지키는 일이라고 생각하였다.

그러던 바울이 예수님을 만나고 회심하는 데는 많은 시간을 요하지 않았다. 다메섹으로 가는 길에 예수님을 만난 다음 눈이 어두워지고 다른 사람의 손에 이끌려 다메섹에 들어가서 아나니아를 만나 눈이 다시 떠진 다음 지체하지 않고 예수님을 전하다가 유대인들에게 쫓겨 광주리를 타고 다메섹을 빠져나왔다.

그 후에 그의 삶은 복음적 신념에 강직하였고, 예수가 그리스도라고 전파하는 데 열심 있었고 누구도 말릴 수 없는 열정으로 사도의 삶을 살았다. 율법에서 복음으로, 자기중심에서 하나님 중심으로, 자신의 영광에서 하나님의 영광으로 중심이 완전히 이동한 삶을 살았던 것이다.

15세기 네덜란드 공동체 형제단의 수도사였던 토마스 아 켐피스(Thomas á Kempis)의 《그리스도를 본받아》(De Imitatione Christi)는 수도사들을 위한 경건한 수도 생활의 지침서로 쓴 것으로 아우구스티누스의 《고백록》(Confessiones)과 존 번연의 《천로역정》(The Pilgrim's Progress)과 더불어 기독교 3대 고전이라 불리는 경건 문학이다. 나는 성도들의 경건한 독서를 지도할 때 언제나 제일로 꼽는 것이 바로 이 책이다. 아 켐피스는 모든 삶을 그리스도를 본받아 살기를 권하고 또 그렇게 살았다.

영성이란 그 정의가 다양할 수 있지만 쉽게 말하면 '그리스도와 일체된 삶'이라고 한다. 그리스도의 생각이 나의 생각이 되고, 그리스도가 하실 그 일을 내가 하고, 그리스도가 하실 그 말을 내가 하고, 그리스도가 가실 그곳에 내가 가고, 그리스도가 만나길 원하시는 사람을 내가 만나는 것이 참된 영성의 삶이다.

그래서 바울은 빌립보 교회에 "너희 안에 이 마음을 품으라 곧 그리스도 예수의 마음이니"(빌 2:5)라고 하였다. 예수 그리스도의 마음을 품어야 그리스도의 마음으로 살 수 있다. 바울이 "가지라"고 하지 않고 "품으라"고 한 것은 가지기만 하면 버리기도 하고, 잊기도 하니 품고 있으라는 의미이다.

그리스도의 마음을 품는다는 것은 늘 그리스도를 묵상하여야 가능하다. "선한 사람은 그 쌓은 선에서 선한 것을 내고 악한 사람은 그 쌓은 악에서 악한 것을 내느니라"(마 12:35)라고 하신 말씀처럼 사람의 본성은 중립이지만 선한 것을 쌓아야 선한 사람이 되고, 악한 사람은 처음부터 악한 것이 아니라 악을 쌓았기 때문에 악하다. 우리 속에 그리스도를 품고 쌓으면 그리스도가 나를 통하여 나타나며 그리스도께서 원하시는 대로 살게 되는 것이다. 그리스도를 본받아 일체된 삶을 산다는 것은 모든 것이 하나님께 영광이 되는 그 삶을 말한다.

찰스 쉘던(Charles M. Sheldon)이 쓴 《예수라면 어떻게 하실까》라는 소설도 이와 같은 내용을 현대적 의미로 풀고 있다. 평범한 회사의 회사원들이 삶의 초점을 예수님께 맞추어 함께 얘기를 나누고 삶을 실천해 나가는 것이다. 하나님께 영광을 돌린다는 것은 "영광 돌립니다", "영광 받으소서"라고 말하는 것이 아니라 매일의 일상에서 하나님의 마음으로 살아가는 것을 의미한다. 참다운 영성이란 삶의 순간마다 '예수님이라면 어떻게 하실까?'를 생각하며 예수님의 생각과 뜻에 따라 생각하며, 말하며, 일하며 사는 것을 말한다.

하나님께 영광이 된다는 말은 하나님을 하나님으로 인정하는 것이라고 하였다. 우리가 "하나님 아버지"라고 부르는 것 자체가 엄청난 일이다. 아무에게나 아버지라고 부를 수 없고, 아버지는 아무나 아들이라 하지 않는다. 더구나 아이들은 '아버지'라 하지 않고 '아빠'라고 한다. 아버지보다 아빠가 훨씬 정감이 있고 친밀감이 있는 호칭이다. 그런데 일반적으로 친구의 아버지께 '아버지' 또는 공손

하게 '아버님'이라고 한다. 그러나 아무리 가까운 친구의 아버지라도 '아빠'라고 하지는 않는다.

그런데 성경은 예수님께서 하나님께 "아빠 아버지여"(막 14:36)라고 하신 것처럼 우리가 하나님께 '아빠 아버지'라고 부르는 특권을 가지게 하였다(롬 8:15; 갈 4:6). 우리가 하나님을 '아빠'라고 부르는 권리를 가지고 있는데 정말 하나님을 '아빠'로 인정하고 사는지 살펴보아야 한다. 만일 하나님을 아빠로 인정하지 못한다면 하나님은 영광을 받지 못하신다.

우리가 기도할 때 "하나님 아버지"라고 하면서도 하나님을 아버지로 인정하지 못하고 구하는 것을 믿지 못하고, 심지어 구하지 못할 때가 있다. "하나님 아버지"라고 불렀으면 아버지로 인정하고 자신 있게 구해야 하고, 믿고 달라고 해야 한다. 이것이 하나님 아버지께서 기뻐하시는 일이고, 영광 받으실 일이다.

하나님의 이름은 '야훼'이다. 모세가 하나님께 하나님의 이름이 무엇이냐고 물었을 때에 하나님은 모세에게 "스스로 있는 자"라고 이름을 밝히셨다(출 3:14). 그 외에도 성경은 하나님의 다양한 이름을 일러주고 있으며, 하나님의 이름은 하나님이 어떤 분이신가를 확실하게 드러내시는 하나님의 성품이며 역할이다.

이스라엘인들은 "여호와의 이름을 망령되게 부르지 말라"(출 20:7)라는 십계명에 따라 하나님의 이름을 부르지 않았다. 그들이 '야훼' 대신 부른 하나님의 이름이 '아도나이'(주, 주님)이다(출 4:13; 수 3:11; 왕상 22:6; 슥 9:4). 성경을 읽을 때에 '야훼'라는 하나님의 이름이 나오면 눈으로 읽고 소리 내지 않고 지나갔다. 이런 전승에 따라 '킹제임스'(흠정역) 성경이 번역될 때 "여호와는 나의 목자시니"라는 시편 23편을 "The Lord is my shepherd"라고 하여 "여호와"를 "The Lord"라고 번역하였던 것이다.

여러 대, 수백 년을 지나면서 '야훼'는 발음을 잃어버렸고, '야훼' 대신 '아도나이'를 사용하다 보니 '야훼'의 발음도 '여호와'로 읽게 되었다. 구약의 히브리어는 모음이 없는 자음만 가진 언어이므로 자음에 어떤 모음을 붙이느냐에 따라 음과 뜻이 달라지는 경우도 많이 있었다.

후에 '마소라' 학파들이 오랜 전승을 통해 익숙해진 발음과 뜻을 바탕으로 모음을 만들었다. 마소라 학자(Masoretes)들은 7세기에서 11세기 사이에 이스라엘 디베랴와 예루살렘과 바벨론에서 활동하던 성경학자들(서기관)들과 성경 필경사들을 일컫는다. 마소라 학자들은 자음으로만 되어 있던 히브리어 성경의 발음을 나타내기 위해 모음 기호를 개발하여 붙였다. 이를 '마소라틱 포인트'(Masoretic Point)라고 한다. 근래에 와서 학자들이 고대 히브리어 등을 연구하여 '야훼'가 '여호와'보다 정확한 발음이라고 하여 최근에는 '야훼'라고 고쳐 부르고 있다.

하나님의 별칭은 '아도나이' 외에도 성경에 많이 나타난다. '아도나이 여호와'(Adonai Yahweh)는 '주 여호와'라는 뜻으로 야훼 하나님이 주님이신 것을 고백하는 이름이다(창 15:2; 삼하 7:18-19). '엘'(El)은 히브리어에서 '힘'이란 뜻인데 하나님의 이름으로 사용된다(창 46:3;

사 9:6). '엘 벧엘'(El Bethel)은 '벧엘의 하나님'이란 뜻으로 야곱이 벧엘에서 하나님을 만나고 하나님을 그렇게 불렀다(창 31:13, 35:7).

'엘 엘리욘'(El Elyon)은 '지극히 높으신 하나님'이라는 뜻으로 아브람이 살렘 왕 멜기세덱을 만났을 때에 하나님을 그렇게 불렀다(창 14:18). '엘 올람'(El Olam)은 '영원하신 하나님'이란 뜻으로 아브라함이 브엘세바에서 하나님을 그렇게 불렀다(창 21:33). '엘 로이'(El Roi)는 '나를 살피시는 하나님'이란 뜻으로 하갈이 여호와의 이름을 그렇게 불렀다(창 16:13). '엘 샤다이'(El Shadda)는 전능하신 하나님이란 뜻으로 아브람이 이삭을 주실 언약의 하나님을 그렇게 불렀다(창 17:1; 출 6:3; 욥 1:15). '엘로아'(Eloah)는 '지으신 하나님'의 뜻으로 성경에 여러 번 나타나는 하나님의 이름이다(신 32:15; 사 44:8; 합 3:3).

'엘로힘'(Elohim)은 가장 일반적인 하나님의 이름으로 성경에 처음 등장하는 하나님의 이름이다(창 1:1; 시 7:9). '엘리온'(Elyon)은 '가장 높은 하나님'이란 뜻으로 높고 유일하신 하나님의 이름이다(신 32:8; 시 9:2). '엘 카나'(El qanna)는 '질투하는 하나님'이란 뜻으로 하나님의 성품의 한 면을 대변하는 이름이다(출 20:5).

'야훼'(Yahweh)는 하나님 고유의 이름이며 모세에게 처음 밝히셨지만 모세 이전에 이미 사용하신 이름이다(창 4:1; 사 42:8). '야훼 엘로힘'(Yahweh Elohim)은 하나님의 고유명사와 보통명사를 함께 부른 하나님의 이름이다(창 2:4; 시 72:18). '야훼 엘리욘'(Yahweh Elyon)은 '높으신 야훼'라는 뜻으로 하나님의 고유한 이름에 가장 높으신 분이심을 함께 부르는 이름이다(시 7:17, 91:1). '야훼 이레'(Yahweh Yir'eh)는

'준비하시는 하나님'이란 뜻으로 흔히 '여호와 이레'로 익히 알고 있는 이름이다(창 22:14). '야훼 메카디쉬'(Yahweh Meqaddish)는 '거룩하게 하시는 하나님'이란 뜻으로 하나님의 거룩성을 높이는 이름이다(레 20:8). '야훼 닛시'(Yahweh Nissi)는 '야훼의 깃발'이란 뜻으로 승리하시는 하나님의 이름이다(출 17:15). '야훼 로이'(Yahweh Rohi)는 '이끄시고 지시하시는 하나님'이란 뜻으로 인도하시는 하나님의 이름이다(시 23:1). '야훼 라파'(Yahweh Rophe)는 '치료하시는 하나님'이란 뜻으로 치유하시는 하나님의 이름이다(출 15:26). '야훼 샬롬'(Yahweh Shalom)은 '평강의 하나님'이란 뜻으로 하나님께서 평강의 하나님이라는 이름이며 '샬롬'은 하나님의 평안에만 사용하는 고유 단어이다(삿 6:24). '야훼 삼마'(Yahweh Shammah)는 '야훼께서 거기 계신다'라는 뜻으로 하나님께서 모든 곳에 계신다는 이름이다(겔 48:35). '야훼 싸바오쓰'(Yahweh Tseva'oth)는 '군대들의 하나님'이란 뜻으로 한글 성경에는 '만군의 하나님'으로 번역된 이름이다(삼상 1:3; 시 24:10; 슥 1:3). '야훼 찌드케누'(Yahweh Tsidqenu)는 '야훼는 우리의 의'라는 뜻으로 하나님께서 정의와 공의의 하나님이시란 이름이다(렘 23:6).

하나님은 한 분이시지만 하나님은 이렇게 많은 이름을 가지고 계시다. 왜냐하면 하나님의 이름을 부르는 자들이 자기가 체험하고 느끼는 하나님을 그렇게 부른 것이다. 하나님께서 많은 이름을 가지고 계시는 것은 하나님께서 하나님의 사람들에게 많은 역할을 하신다는 것이다. 이 모든 이름이 하나님의 성품을 대변하는 것이며, 그 어떤 이름도 하나님의 전부를 증명할 수는 없다. 많은 이름을 가지고 계시다는 것은 우리가 하나님을 그 많은 이름대로 하나님을 인정해야 한다는 것이다.

아빠이시며, 전능하시고, 영원하시고, 힘이시고, 준비하시고 그리고 이 모든 것을 우리를 위해 행하시는 분이라는 사실을 인정해야 한다. 이 모든 것을 인정해야 하나님은 기뻐하시고 인정하는 자녀에게 복을 주시며 영광을 받으시는 것이다. 하나님을 이 모든 이름으로 인정하는 것이 우리가 하나님께 영광을 돌리는 일이다.

그러므로 하나님을 인정한다면 결코 세상에서 슬퍼하지 말아야 하며, 두려워하지 말아야 하며, 놀라지도 말아야 하며, 염려하지 말아야 한다. 그리고 하나님이 아빠 아버지이신 것을 의심하지 말아야 하며, 성경의 모든 말씀이 변하지 않으며 다 이루어질 것을 의심하지 말아야 한다. 우리의 기도를 하나님께서 성취하시는 것을 의심하지 말아야 하며, 하나님의 거룩하신 나라가 우리를 위해 예비되어 있는 것을 의심하지 말아야 한다. 그래야 하나님께서 영광을 받으신다.

우리의 삶에서 중심은 자신의 가치관이며 동시에 목적이다. 하나님이 삶의 중심인 사람은 하나님이 가치관이며, 하나님의 영광이 삶의 목적인 것이다. '태양계'(太陽系)는 항성인 태양과 태양의 중력이 이끄는 천체로 이루어지는 체계이다. 주변 천체는 태양을 중심으로 공전하는 행성으로 수성, 금성, 지구, 화성, 목성, 토성, 천왕성, 해왕성으로 알려져 있다. 만일 태양계가 태양이 중심인 것을 거부하고 이 항성을 상실한다면 태양계는 존재하지 못하며 파괴되고 말 것이다. 중심을 상실하면 모든 존재 자체가 파괴되고 만다.

작은 태양계뿐만 아니라 우주(宇宙)가 그러하다. 집 우(宇), 집 주(宙)자를 쓰고 있는 우주는 하나님의 집이다. 상상할 수 없이 큰 하나님의 집인 우주도 다 하나님께서 만드신 창조의 원리대로 운행하고 있으며 그 집의 중심이 있다. 그 중심을 잃으면 우주는 질서를 잃고 파괴되는 것이다.

어느 이교도가 유대교의 저명한 랍비를 찾아가 질문을 던졌다. "당신들의 하나님은 왜 모세에게 떨기나무 속에서 말씀하셨습니까? 하나님이라면 위엄이 있는 높은 산 정상에서 천둥소리로 말씀하셔야 하지 않습니까?" 랍비는 이교도에게 이렇게 대답했다. "하나님이 창조하신 이 땅 어디나 하나님의 영광이 머물지 않은 곳이 없다는 것, 보잘것없는 가시덤불조차 예외가 아니라 하나님의 영광이 머물고 있다는 것을 보여주시려고 그렇게 하셨습니다."

우리의 집이나 교회나 국가도 마찬가지이다. 모든 것이 평화롭고 질서 있게 운행되기 위해서 필요한 것은 중심의 문제에 있다. 어떤 이는 말하기를 한국의 집에는 중심이 없다고 했다. 서양의 가옥들은 벽난로라는 것이 집의 중심에 있어 벽난로 주위에 둘러 앉아 차를 마시며 대화하는 관습이 있다.

일본의 집에는 '도코노마'라는 공간이 있어 대부분 방의 중앙 공간에 인형이나 꽃꽂이 등으로 장식하고 붓글씨를 걸어 놓는 패인 공간이 있다. 가족들이 도코노마를 중심으로 모여 대화를 하고, 손님이 오면 손님은 도코노마를 등지고 앉고 주인은 그 맞은편에 앉아 차를 마시며 대화를 한다.

그런데 한국의 가옥에는 이런 상징적이며 중심이 될 만한 공간이 없다는 것이다. 가옥에 중심이 없는 것은 크게 문제될 것이 없지만 가정의 중심이 없는 것은 분명히 문제가 된다. 우리 가정에 중심이 하나님이 되셔야 하나님이 영광을 받으시고, 가정에 하나님이 복을 내리시고 평안할 것이다.

마태복음과 누가복음 그리고 요한복음은 예수님의 탄생을 기록하고 있다. 마태와 누가는 각각 예수님의 탄생을 역사적이며 일반적인 의미로 해석하고 기록하지만 요한복음은 탄생의 영적인 의미를 기록하고 있다. 요한은 예수님의 탄생을 "말씀이 육신이 되어 우리 가운데 거하시매 우리가 그의 영광을 보니 아버지의 독생자의 영광이요 은혜와 진리가 충만하더라"(요 1:14)라고 한다. 말씀이신 예수님이 육신이 되신 것이 예수님의 탄생이라는 의미이다.

요한은 예수님의 탄생은 영광이라고 한다. 예수님의 탄생이 영광스런 사건이었고, 예수님은 영광이 가득하게 탄생하셨다는 것이다. 예수님은 탄생뿐만 아니라 전 생애가 영광을 위한 일이었다. 영광이신 하나님께서 만드신 모든 만물이 영광으로 가득한 것이다.

'영화롭게 하다'(glorify)라는 말은 '아름답게 하다'(beautify)라는 말과 같은 말이다. 그러나 이 단어는 '확대하다'(magnify)에 더 가깝다. 즉 하나님을 영화롭게 한다는 것은 하나님을 최고, 최상의 분으로 높이고 크시다는 것을 인정하는 것이다. 하박국은 "이는 물이 바다를 덮음같이 여호와의 영광을 인정하는 것이 세상에 가득함이니라"(합 2:14)라고 한다. 이 세상에 가득한 모든 것은 하나님의 영광을 인정하고 있으며, 하나님의 영광을 인정하지 않는 하나님의 피조물은 하나도 없다. 모든 것이 하나님을 아름답게 하며, 높이며, 크신 하나님을 인정하고 있다.

하나님의 영광이란 하나님 중심을 말한다. 하나님의 집인 우주(宇宙)가 하나님의 영광을 나타내는 것은 우주가 무질서하게 창조된 것이 아니라 하나님의 집의 중심을 향해 운행하고 있기 때문이다. 칼뱅은 자연을 무수히 많은 기적들로 가득 찬 하나님의 영광을 보여주는 극장이라고 하였다. 자연과 인간의 일상을 통하여 하나님의 영광을 발견할 수 있다는 것은 자연도 인간도 그 중심이 하나님이기 때문이다. 하나님 중심적 우주의 운행이나 인간의 삶은 그 자체가 하나님께 영광이 되는 일이다. 하나님의 영광은 보편적이며 영원한 것이다. 어디에서나 언제나 하나님의 영광은 드러나고 있다.

사무엘상 2장 11절과 3장 1절에는 아이 사무엘이 엘리 앞에서 여호와를 섬긴다는 말이 나온다. 이 말을 음미해 보면 굉장한 뜻을 가지고 있다. 사무엘의 어머니 한나는 하나님께 서원한 대로 사무엘이 태어났을 때 성전 엘리 제사장에게 맡겨 보살피게 하였다. 사무엘은 어린이였지만 누구 앞에서 누구를 섬겨야 하는지 알고 있었다. 그는 엘리 앞에서 여호와를 섬겼던 것이다.

흔히 사람들 특히 목사들이 가장 크게 실수하는 것이 하나님 앞에서 사람을 섬기는 것이다. 진정 필요하고 옳은 것은 사람 앞에서 하나님을 섬겨야 하는데 사람을 섬기는 일에 열중할 때가 많다.

우리의 삶은 항상 하나님 중심적(God-centered), 사람 지향적(person-oriented)이 되어야 한다. 하나님 중심적이 되어야 하나님께 영광이 된다. 사람 중심적, 하나님 지향적이 되면 하나님의 영광을 사람이 가로채는 것이다.

아름다운 사진이나 영상은 구도도 좋아야 하고 초점이 분명해야 한다. 초점이 흐리면 아무리 좋은 광경이라도 가치를 상실하게 되는 것이다. 인간의 삶도 마찬가지이다. 삶의 초점이 흐리면 삶의 가치를 상실하고 자신의 자화상도, 일생의 삶의 흔적도 흐리게 마련이다. 최근에는 '시계를 보지 말고 나침반을 보라'는 말들을 많이 하는데 이 말은 예나 지금이나 누구에게나 필요한 말이다. 특히 삶의 방향과 초점이 분명한 사람이 바르게 사는 사람이다.

성경은 "믿음의 주요 또 온전하게 하시는 이인 예수를 바라보자"(히 12:2)라고 권한다. 이 말씀의 뜻은 초점을 예수님께 맞추고 살라는 권면이다. 영어 성경에는 'fix your eyes on'이라고 하여 눈을 예수님께 고정시키라는 뜻이다.

개구리가 긴 혀로 정확하게 먹이 사냥을 할 수 있는 것은 먹잇감이 있으면 정확하게 초점을 맞출 수 있기 때문이다. 개구리의 눈은 초점을 맞춘 먹잇감은 칼라가 정확하게 보이며 그 나머지는 모자이크 처리한 것처럼 흐릿하다고 한다. 그리고 개구리의 혀에는 끈끈이가 있어 길게 뻗은 혀로 벌레를 잡으면 절대 떨어지지 않는다고 한다. 그래서 개구리의 먹이 활동은 용이한 것이다.

오래전에 인도네시아에 가서 사파리 투어를 한 적이 있다. 공원

입구에는 표범이 목에 쇠사슬이 묶인 채 사육사와 함께 앉아 있었고, 기념사진을 찍을 수 있도록 하였다. 표범은 발이 빠른 맹수이고 포식자이지만 한쪽 다리를 내 어깨에 걸치고 표범의 얼굴과 내 얼굴을 맞대고 사진을 찍어도 시키는 대로만 하였다. 눈의 초점이 없고 완전히 야성을 상실한 것이다. 사육사의 말을 빌리면 표범과 같은 맹수를 길들일 때 제일 먼저 하는 것이 눈에 초점을 잃게 하는 것이라고 한다. 사육사가 의자와 같이 다리가 넷인 물건을 가지고 맹수의 눈앞에 접근하면 맹수는 네 다리 가운데 어디에 초점을 맞출지 몰라 힘을 잃게 되고 의자를 들고 있는 사육사에게 공격하기보다 맹종하게 된다는 것이다.

우리가 하나님께로 향한 초점을 잃어버리면 영성을 상실하고 세상에 굴종하게 되는 것이다. 삶의 초점을 잃지 않아야 하나님께 영광 돌리는 삶을 살게 된다.

가가와 도요히코(賀川豊彦)는 존경받는 일본의 신학자이며 목회자이다. 그는 일본 고베 신학교와 미국 프린스턴 신학교에서 신학을 공부하였다. 그는 서자로 태어나 유년기에 많은 마음고생을 하였고, 10대 후반에 인생을 포기하기까지 했다. 한번은 그가 길에서 구세군을 보게 되었다. 나팔을 불고 북을 치면서 전도하는 구세군에게 그는 "서자도 예수를 믿을 수 있나요?"라고 물었고 그 길로 그는 크리스천이 되었다. 그는 평생 빈민을 섬기는 사랑의 사람이었다. 오래 전 이승만 전 대통령에게 개인 자격으로 일본의 한국 침략을 사죄하기도 하였다.

그에게는 유명한 일화가 전해지고 있다. 그가 미국 신학교에 유학 갔을 때에 나이아가라 폭포를 보러 관광을 떠났다. 배를 타고 나이아가라 폭포 아래에서 웅장한 광경을 보는 중 그는 너무 감격하여 소리를 질러댔다. 그 때 그 배에 함께 타고 있던 미국인이 키가 작은 동양인이 너무 좋아하는 모습에 감탄하여 물었다. "당신은 누구인데 이렇게 좋아합니까?" 그때 그는 대답하기를 "우리 아버지의 작품이 얼마나 웅장하고 아름다운지 감격하지 않을 수 없지요"라고 하였다. 그에게 말을 건 미국인은 목사님이었다. 미국인 목사님은 가가와가 미국에 유학을 온 목사라는 말을 듣고 즉석에서 다음 주일에 자신의 교회에서 설교를 해달라고 부탁하였다. 그리고 그 다음 주일에 미국 목사님은 설교자를 이렇게 소개하였다. "나는 이분을 며칠 전에 만나서 잘 모릅니다. 단지 내가 아는 것은 이 분은 나이아가라 폭포 주인의 아들입니다." 하나님께서 만드신 모든 것을 하나님의 작품으로 인정하고 감격하는 것이야말로 하나님께 영광을 돌리는 일이다.

성경에는 '영광'이라는 단어가 411번 나타난다. 영광이라는 단어 외에도 영광을 상징하는 말씀으로 가득한 것이 하나님의 말씀이다. 하나님의 영광을 높이고 드러내기 위하여 성경의 저자들은 생각과 언어를 동원하여 표현하였던 것이다. 우리의 생각, 삶 그리고 모든 것이 하나님 중심이 되는 것이 하나님의 영광이다.

2.
하나님의 영광을 반영하는 생활이다

고린도전서 10장 31절에는 "그런즉 너희가 먹든지 마시든지 무엇을 하든지 다 하나님의 영광을 위하여 하라"라고 한다. 하나님의 영광을 위한 삶이란 모든 행위의 목적이 하나님이어야 한다. 먹는 것도 하나님의 영광, 마시는 것도 하나님의 영광, 입는 것도 하나님의 영광, 말하는 것도 하나님의 영광, 잠자는 것도 하나님의 영광 그리고 작은 행동까지 다 하나님의 영광이 목적이 되어야 한다는 뜻이다.

하나님의 영광이 삶의 목적이 되는 삶은 참 행복한 삶이다. 하나님의 본질을 인정하는 삶이며 동시에 하나님과의 관계에서 내 자신의 존재를 인정하는 삶이다. 얼마나 멋지고 아름다운 삶인가? 이런 삶은 자신뿐만 아니라 다른 사람에게도 행복하고 멋있는 삶으로 비춰질 것이다.

로마의 트라얀 황제가 랍비 여수아에게 "하나님을 보고자 하네"라고 하였다. 그 때 여수아가 황제에게 "천사를 보여드릴까요?" 하자 황제는 "보여달라"고 하였다. 여수아는 황제를 밖으로 모시고 나가 "태양을 보십시오"라고 하였다. 황제는 "저 눈부신 태양을 어찌 볼 수 있겠나? 태양을 볼 수가 없네"라고 하였다. 여수아는 "하나님의 피조물인 광체도 못 보는데 어찌 하나님의 본체인 영광을 볼 수 있단 말입니까?"라고 하였다고 한다.

인간은 하나님께 '효과적 영광'을 돌리게 지어진 존재이다. 하나님께서 다른 어떤 피조물에게도 하나님의 형상을 주신 적이 없고, 이성을 주어 온전한 사고하는 존재로 지으신 피조물이 없다. 헬라어로 사람을 '안트로포스'라고 한다. 이는 '위를 향한 존재'라는 뜻을 가진 단어이다. 인간은 위를 향해 살아간다. 땅의 모든 동물들은 땅을 향한 존재이다. 사람과 같이 온전하게 직립보행하는 존재는 없다.

그런 의미에서 사람들은 스스로 인간을 여러 가지로 정의하고 다른 피조물과 구별됨을 자랑한다. 그 가운데는 '호모 사피엔스'(homo sapiens, 생각하는 인간), '호모 에렉투스'(homo erectus, 직립하는 인간), '호모 파베르'(homo faber, 도구를 사용하는 인간), '호모 하빌리스'(homo habilis, 손재주와 능력이 있는 인간), '호모 로쿠엔스'(homo loquens, 언어를 사용하는 인간), '호모 에스페란스'(homo esperans, 희망하는 존재), '호모 루덴스'(homo ludens, 놀이하는 인간), '호모 나랜스'(homo narrance, 이야

05_ 오직 하나님의 영광(Soli Deo gloria)

기하는 인간) 그리고 최근에는 '호모 모빌리쿠스'(homo mobilicus, 휴대전화를 사용하는 인간) 등이다. 이렇게 인간에 대한, '호모'를 붙여 만든 특징어는 무려 50가지가 넘는다. 인간만이 가지는 특징과 더불어 다른 동물들에게 있다 하더라도 인간과는 차별되는 것들을 말한다. 인간이 아주 특별하게 창조되었다는 것을 단적으로 표현하는 말이다.

그럼에도 불구하고 인간은 모든 동물들보다 더 동물적이다. 다른 피조물들은 하나님께서 태초에 창조하신 창조의 원리를 벗어나지 않고 본능대로만 산다. 그러나 인간은 그 원리를 파기하고 자신의 지능과 능력으로 온갖 부패한 일을 자행하고 있다. 인간은 가장 인간적인 것이 가장 신적인 것임을 결코 잊어서는 안 된다.

동물을 보라. 동물들은 위를 향한 존재가 아니라 땅을 향한 존재로 창조되었다. 거의 모든 동물들은 직립하지 않고 땅을 향해 창조되었다. 다리가 둘이든, 넷이든 동물들은 땅을 향해 살아간다. 그리고 인간은 위를 향한 존재이며 신체에서 가장 위를 향해 있는 것이 머리이다. 인간은 위를 향하여 머리로 사고하며 살아가는 존재로 지음을 받은 것이다.

반면에 동물들은 땅을 향해 살아가며 신체에서 가장 앞을 향해 있는 것은 거의 모든 동물들에게 주둥이이다. 동물들은 땅을 향해 살게 지어졌으며, 먹기 위해 살아가는 존재라는 것을 그 생김새를 보아도 알 수 있다.

인간은 인격적 존재이다. 인격적이라는 말은 인간다운 판단력을 가지고 본능과 이성의 균형을 잃지 않는 것이다. 인간이 본능대로만 살면 동물이나 다름이 없는 것으로 동물보다 더 추하게 된다. '인면수심'(人面獸心)이란 말이 있다. 이 말은 '얼굴은 사람의 모습을 하였으나 마음은 짐승과 같다'는 뜻이다. 원래 중국 후한(後漢)의 역사가 반고(班固)가 지은 《한서》(漢書) 〈열전〉(列傳)의 '흉노전'(匈奴傳)에 나오는 말로서 한족(漢族)들이 흉노를 멸시하여 쓰던 말이었다. 이 말이 점차 흉노를 지칭하는 말이 아니라 성질이 잔인하고 흉악하여 짐승 같은 사람을 가리키는 말로 쓰이게 되었다.

그런데 짐승의 마음은 절대 인간처럼 잔인하거나 흉악하지 않다. 동물들은 주로 두 가지 일만 한다. 한 가지는 '먹이 활동'이고 다른 한 가지는 '종족 번식'이다. 이 두 가지는 하나님께서 생태적으로 그렇게 만드셨다. 그러므로 짐승은 악한 일을 하지 않는다. 성경은 "만물보다 거짓되고 심히 부패한 것은 마음이라"(렘 17:9)라고 한다. 인간의 마음이 하나님의 마음을 닮아야 짐승보다 나은 삶을 살게 될 것이고, 그 삶이 하나님께 영광이 되는 것이다.

하나님이 창조하신 피조물인 모든 만물 가운데 하나님께 영광을 돌리지 못하고 살아가는 것은 타락한 천사인 악마와 타락한 인간인 우리이다. 악마와 인간은 타락하므로 하나님의 영광을 배반하며 살게 된 것이다.

하나님의 사람은 하나님께서 하시는 일에 영광을 돌린다. 하나님께서 하시는 모든 일이 선하고 의로운 것을 인정하는 사람이다. 하나님의 뜻은 모든 하나님의 피조물이 창조하실 때의 모습과 같이 질서가 있다. 하나님은 하나님께서 만드신 그 질서가 깨어지지 않고 유지되는 것을 원하신다. 이렇게 질서가 유지되는 것이 하나님의 영광이고, 하나님의 영광을 인정하는 것이 온 땅에 가득하기를 기대하고 계신다.

하나님께서는 창조하신 사람들이 하나님의 영광으로 가득하기를 원하신다. 왜냐하면 사람은 하나님의 영 '루아흐'로 만들었기 때문이다. 사람이 창조된 이후 죄를 범하기 전에는 완전한 영광으로 충만한 존재였다. 그러나 죄를 범한 후에는 그 영광이 떠나고, 사람의 죄로 말미암아 짐승들이 저주를 받고, 남편이 아내를 지배하고, 땅이 가시덤불과 엉겅퀴를 내고, 죽어 흙으로 돌아가게 되었다.

괴테는 "비록 진흙이라도 햇볕을 받으면 빛이 난다"고 하였다. 인간의 육체는 비록 흙으로 창조되어 약하고, 천하고, 추하지만 햇볕이신 하나님의 영광이 우리에게 비취면 진흙 같은 인간도 빛을 발할 수 있다. 예수님께서 "너희는 세상의 빛이라"(마 5:14)라고 하셨는데 우리는 스스로 빛을 내는 발광체가 아니라 영원하고 밝은 빛이신 하나님의 그 빛을 세상에 반사하는 것이다. 마치 달은 스스로 빛을 내지 못하지만 태양의 빛을 받아 우리가 그 달빛을 보는 것과 같다.

그래서 예수님은 "이같이 너희 빛이 사람 앞에 비치게 하여 그들로 너희 착한 행실을 보고 하늘에 계신 너희 아버지께 영광을 돌리게 하라"(마 5:16)라고 하신다. 우리의 착한 행실은 하나님의 빛을 우리가 세상에 비치게 하는 것이다. 우리가 세상에 하나님의 빛을 비치게 되면 하나님께서 영광을 받으신다. 왜냐하면 세상은 그 빛이 하나님의 빛인 것을 알기 때문이다. 그런 의미에서 하나님의 사람인 우리는 비록 진흙으로 빚어진 못난 존재이지만 하나님의 빛이 비취면 진흙 덩어리가 아닌 영광 덩어리로 거듭나게 되는 것이다. 거듭난 사람은 그래서 더 이상 진흙이 아니라 하나님의 영광이며, 보석 같은 존재이다.

출애굽기는 성막을 완성하는 장면에서 막을 내린다. 광야 생활의 대단원은 성막 건축이라는 뜻이다. 출애굽기 25장에서 성막 건축은 시작이 된다. 하나님께서 "무릇 내가 네게 보이는 모양대로 장막을 짓고 기구들도 그 모양을 따라 지을지니라"(출 25:9)라고 하신다. 하나님은 장막 건축의 설계를 직접 하셔서 하나님의 집을 짓게 하셨다.

하나님은 성막에서 하실 일을 이렇게 말씀하신다. "거기서 내가 너와 만나고 속죄소 위 곧 증거궤 위에 있는 두 그룹 사이에서 내가 이스라엘 자손을 위하여 네게 명령할 모든 일을 네게 이르리라"(출 25:22).

하나님은 모세에게 성막 건축의 모형을 하나님의 설계를 따라 지으라고 하시며, "너는 삼가 이 산에서 네게 보인 양식대로 할지니라"(출 25:40)라고 하셨다. 하나님께서 성막의 양식을 굉장히 까다롭고 길게 모세에게 말씀하셨다. 그리고 모세는 자신이나 기술자들의 생각이 아니라 하나님께서 말씀해주신 그대로 조금도 다르지 않게 하였다. 모세가 얼마나 여호와의 말씀대로 성막을 건축하였던지 성경은 20회 이상 "여호와께서 모세에게 명령하신 대로 하였더라"(출 39:5, 7, 21, 26, 29, 31; 민 27:23)를 반복하여 적고 있다. 하나님께서 말씀하신 대로 지은 성막은 여호와의 영광으로 가득한 하나님의 집이 되었다. 성막이 완성되었을 때 "구름이 회막에 덮이고 여호와의 영광이 성막에 충만하매"(출 40:34)라고 하여 하나님의 집을 하나님의 영광이 가득하신 것을 보게 하신다.

그리고 그 영광이 얼마나 찬란했는지 "모세가 회막에 들어갈 수 없었으니 이는 구름이 회막 위에 덮이고 여호와의 영광이 성막에 충만함이었으며"(출 40:35)라고 한다. 하나님의 영광의 위엄과 찬란함을 묘사한 것이다.

다윗은 성전 건축의 열망이 넘쳤지만 하나님께서 다윗에게는 허락하지 않으시고 그 일을 솔로몬에게 맡기셨다. 다윗은 하나님의 말씀대로 성전 건축은 하지 않았지만 건축에 필요한 많은 재료들을 친히 준비하여 솔로몬에게 넘겨주었다. 솔로몬은 칠 년 동안 성전을 건축하여 하나님께 성전을 봉헌하게 되었다(왕상 6:38).

성전 건축이 끝나고 언약궤를 성전에 옮길 때에 하나님께서 얼마나 기뻐하셨는지 여호와의 영광이 여호와의 성전에 가득하였다(왕상 8:11; 대하 5:14).

하나님께서는 하나님의 언약궤가 오랫동안 떠돌다가 하나님의 집에 안착하는 것을 기뻐하시고 영광을 받으신 것이다. 솔로몬이 성전 봉헌의 기도를 마쳤을 때 불이 하늘에서부터 내려와서 번제물과 제물들을 사르고 여호와의 영광이 그 성전에 가득하였다(대하

7:1). 여호와의 영광이 성전에 가득하므로 제사장들이 여호와의 전으로 들어갈 수가 없었다(대하 7:2). 여호와의 영광이 너무 찬란하여 제사장들도 그 영광을 감당하지 못하였던 것이다.

하나님은 하나님의 성전에 하나님의 영광으로 가득하게 하신다. 하나님의 성전은 하나님의 영광이 가득할 만큼 하나님이 사랑하시며 또 거룩한 곳이다. 지금의 하나님의 성전인 교회도 마찬가지이다. 하나님께서는 교회를 사랑하시고, 교회를 복 주시며, 교회에 하나님의 영광이 가득하게 하신다. 교회는 오직 하나님의 영광을 위하여 이 땅에 존재한다.

하나님의 영광이 가득해야 할 집에서 영광이 떠나면 더 이상 하나님의 교회가 아니다. 하나님의 영광이 떠나면 저주가 있고, 기쁨 대신 슬픔이 가득하게 되며, 하나님이 미워하신다. 호세아 10장 5절에는 "사마리아 주민이 벧아웬의 송아지로 말미암아 두려워할 것이라 그 백성이 슬퍼하며 그것을 기뻐하던 제사장들도 슬퍼하리니 이는 그의 영광이 떠나감이며"라고 한다. 하나님의 영광이 떠나면 두려움과 슬픔이 가득하게 되는 것을 말한다.

엘리의 아들들인 홉니와 비느하스는 하나님께서 악행으로 말미암아 그들을 죽이시기로 뜻을 세우셨다(삼상 2:34). 블레셋이 이스라엘을 쳐들어와서 전쟁하게 되었을 때 홉니와 비느하스는 언약궤를 앞세우면 승리할 것으로 생각하였다(삼상 4:3-4). 사람들이 실로에 있던 언약궤를 가져와서 전쟁터에 나갔으나 이스라엘은 패배하고 언약궤는 블레셋에 빼앗기고 홉니와 비느하스도 전쟁에서 죽었다(삼상 4:11). 전령이 실로에 와서 제사장 엘리에게 전쟁에 패하였음을 알리고 홉니와 비느하스가 죽고 언약궤가 블레셋에 빼앗겼다는 보고를 하였다. 이 말을 듣고 의자에 앉아 있던 엘리는 언약궤가 **빼앗**겼다는 말을 듣고 의자에서 넘어져 목이 부러져 죽었다(삼상 4:17-18).

그리고 엘리의 며느리인 비느하스의 아내가 임신하여 해산할 날이 가까웠는데 시아버지와 남편이 죽었다는 말을 듣고 아들을 해산하고 죽었다(삼상 4:19). 그리고 그 아들의 이름을 '영광이 이스라엘에서 떠났다'라고 하여 '이가봇'이라 하였다(삼상 4:21-22).

이는 하나님의 영광이 떠나면 가정과 교회와 나라가 완전히 패망하는 것을 가르치고 있다. 우리 가정이나 교회나 국가가 하나님의 영광이 떠나지 않기를 위해 기도하고 거룩한 삶을 살아야 할 것이다.

이사야 6장은 이사야가 성전에서 하나님의 존귀하신 모습을 발견하고 소명을 받은 장면이 드라마처럼 묘사하고 있다. 이사야는 1장에서 5장까지 많은 활동을 하였고, 수많은 말씀을 전하였고, 불의한 자들에게 화가 있을 것이라고 경고하였다. 그러나 하나님을 진정으로 알지 못하고 한 '아무 말 잔치'였다.

웃시야 왕이 죽던 해에 그는 참 하나님을 발견하게 되었다. 웃시야는 호교(護敎)의 왕이었고, 이사야의 사촌형이며, 이사야는 왕족이었다. 사촌형이 왕이라는 배경이 든든한 이사야는 그가 살아 있는 동안은 하나님을 진실하게 원하지 않았을 것이다.

이사야가 성전에서 하나님을 발견한 때에 스랍(천사)들이 나타나 하나님을 찬양하였다. "거룩하다 거룩하다 거룩하다 만군의 여호와여 그의 영광이 온 땅에 충만하도다"(사 6:3). 천사들의 찬양은 "거룩하다 거룩하다 거룩하다"(sanctus sanctus sanctus)이다. 흔히 '삼성송'(三聖頌) 혹은 '삼성창'(三聖唱)이라 불리는 찬송은 바로 이사야 6장 천사들의 찬양과 요한계시록 네 생물의 찬양 "거룩하다 거룩하다 거룩하다 주 하나님 곧 전능하신 이여 전에도 계셨고 이제도 계시고 장차 오실 이시라"(계 4:8)에 근거한다. 삼위 하나님의 거룩성과 전능성을 찬양하며 성부, 성자, 성령 삼위 하나님께만 영광과 존귀를 돌리자는 내용을 담은 전통적 예전 음악이다.

그리고 '삼성송'은 로마 교회의 오랜 전승 가운데 미사의 중요한 내용이 되었다. 특히 1823년에 작곡된 베토벤의 '장엄 미사'(Missa Solemnis)에는 5곡의 성악곡으로 하나님의 영광과 거룩함을 노래하고 있다. 제1곡은 '키리에'(Kyrie, 주여), 제2곡은 '글로리아'(Gloria, 영광), 제3곡은 '크레도'(Credo, 내가 믿습니다), 제4곡은 '상투스'(Sanctus, 거룩), 제5곡은 '아뉴스 데이'(Agnus Dei, 하나님의 어린양)로 구성되어 있다. 하나님의 영광과 거룩성은 항상 함께 한다. 하나님은 거룩하시므로 영광스런 분이시며, 영광을 받으시기에 거룩하신 분이시다.

우리가 부르는 찬송가 2장부터 4장까지는 성부, 성자, 성령께 영광을 돌리는 찬송이다. 특히 3장과 4장은 '아버지께 영광'(Gloria Patri)이란 제목으로 3장은 모든 예배에 부르던 영광송이다. 하나님께 영광을 돌리는 영광송은 사도 시대에 유래되어 2세기부터 예배에 사용하였다. 최근에는 많은 교회들이 영광송 대신 다른 찬송을 부르는 관습이 생겼는데 영광송을 부르는 것이 예배의 전승을 잘 이어가는 좋은 예배의 모습일 것이다.

영광이란 삼위 하나님만 받으실 하나님의 속성이다. 그래서 성경은 "여호와의 영광", "아버지의 독생자의 영광" 등 하나님께만 영광이란 용어를 사용하고 있다. 예수님께서 세상에 처음 오실 때 천사들이 "지극히 높은 곳에서는 하나님께 영광이요 땅에서는 하나님이 기뻐하신 사람들 중에 평화로다"(눅 2:14)라고 찬송한다. 예수님께서 예루살렘에 입성하실 때 예수님을 환영하던 많은 무리들이 "찬송하리로다 주의 이름으로 오시는 왕이여 하늘에는 평화요 가장 높은 곳에는 영광이로다"(눅 19:38)라고 찬송하였다.

스탠리는 누가복음 2장 천사의 찬송을 '그리스도교 최초의 찬미'라고 하였다. 또 영광이라는 단어는 요한계시록에만 17번 기록되어 있으므로 성경을 '영광의 책'이라고 하며, 특히 요한계시록은 '하나님의 영광을 높이는 책'이라고 일컬었다.

바울은 고린도 교회에 보낸 편지에 "먹든지 마시든지 무엇을 하든지 다 하나님의 영광을 위하여 하라"(고전 10:31)라고 하였다. 고린도 교회에 그렇게 권한 것은 그 교회가 먹는 문제, 마시는 문제, 우상 문제, 파벌 문제 등 다양한 문제가 있었기 때문이었다. 인간사에서는 서로의 관습이나 이해에 따라 상대의 문제를 제기할 수 있지만 어떤 행위이든 하나님께 영광이 된다면 모든 것이 문제가 아니라 가능한 것이라고 한다.

인간은 무엇을 했다, 하지 않았다를 가지고 옳고 그름을 판단하지만 하나님께서는 행위의 목적이 무엇인가로 우리를 판단하신다. 하나님의 영광이 우리 존재의 목적이며, 행위의 목적이 되어야 한다. 하나님이 영광스런 존재이시기 때문에 우리가 하는 모든 일이 하나님의 영광이어야 한다.

헨리 나우웬은 《마음에서 들려오는 사랑의 소리》에서 이렇게 권한다. "먹거나 마시거나 일하거나 놀 때, 그리고 말을 하거나 글을 쓸 때도 하나님의 영광을 위해 하는 것이 아니라는 생각이 들면 즉시 그 일을 멈추어야 한다. 하나님의 영광을 위해 살지 않는다는 것은 네 자신의 영광을 위해 살기 시작했다는 뜻이며 이는 네 하나님을 떠나와서 결국에는 스스로를 망치게 됨을 의미하기 때문이다. 하나님의 영광을 위해 생활한다면 너는 하나님의 평화를 느끼게 될 것이다."

사람은 누구나 하나님의 영광을 위하여 일하든지 아니면 자기 자신을 위하여 일하든지 둘 중의 하나이다. 믿음을 따라 하지 아니하는 것은 다 죄인 것과 같이(롬 14:23), 하나님의 영광을 위하여 하지 않는 것은 다 자기의 영광을 위한 것이다. 만약 나의 일이 하나님을 영화롭게 하지 않는다면 그 일은 나 자신 또한 영화롭게 하지 못한다. 만약 어떤 일이 나를 영화롭게 하지 못한다면 그 일은 하나님을 영화롭게 하지도 못한다는 사실을 명심해야 한다.

젊은이들이 수시로 대면으로 혹은 홈페이지와 같은 비대면으로 목회자에게 하는 질문이 있다. "목사님, 술 한 잔 마시는 것이 죄입니까?", "목사님 담배 한 대 피우는 것이 죄입니까?"라는 것이다. 술

한 잔이나 담배 한 대가 지옥으로 떨어질 구원과 관계되는 문제는 아니라고 본다. 그러나 그런 행위가 하나님께 영광이 되느냐가 핵심적인 문제이다. 하나님께 영광이 된다면 술을 한 잔만 마실 것이 아니며, 하나님께 영광만 된다면 담배를 한 대만 피울 일이 아니다. 하나님께 영광이 된다면 얼마든지 가능한 일이지만 술이나 담배가 하나님께 영광이 되지 않는다는 것이 문제이다.

우리가 밥을 먹는 것, 잠을 자는 것, 일을 하는 것, 공부를 하는 것 모두가 단순한 행위로 좋고 나쁨을, 바르고 그름을 판단할 것이 아니라 목적이 무엇인가를 따져야 좋고 바른 일이 될 수가 있다. 그 목적은 한 가지이다. 하나님의 영광이라는 것이다.

"음식은 자신을 위하여 먹고, 의복은 타인을 위해 입으라"라는 말이 있다. 사람은 자신이 좋은 것만을 할 수는 없는 존재이다. 나아가서 그리스도인은 본회퍼(Dietrich Bonhoeffer)가 말한 대로 '타자를 위한 존재'(Dasein-für-andere)가 되어야 한다. 그래서 모든 것이 내 중심이 아니라 하나님 중심이 될 때에 타자에게 덕이 될 수 있다. 특히 현재 사회 현상으로 볼 때 그리스도인이 '타자를 위한 존재'로, 교회가 '타자를 위한 교회'(Kirche-für-andere)로 자리 잡을 때에 하나님이 온전히 영광을 받으실 것이다.

기독교 역사에 '명목론'(Nominalism)이란 학설이 있었다. '유명론'이라고도 하는 이 학설은 어떤 개념이란 '명목' 즉 이름에만 있는 것이지 실제로 존재하지는 않는다는 이론이다. 여기에서 이름만 그리스도이고 그리스도인의 삶의 중심이 없는 사람을 '명목상 그리스도인'(nominal Christian)이라고 일컫는다. 이 학설은 정통 교회에서 이단으로 규정이 되었지만 실제로 이런 삶을 사는 그리스도인들을 얼마든지 볼 수 있다.

'하나님의 영광'을 입으로만 말하며, '할렐루야'를 의미 없이 외치며, '주여'를 습관처럼 입에 달고 살지만 전혀 하나님의 영광도, 찬양도, 주님의 이름도 없이 살아가는 자들이 많이 있다.

하나님의 영광을 말한다면 하나님 중심의 삶을 살아야 하고, 이웃에게 덕을 베풀어 인정을 받아야 하며, 모든 행동이 그리스도를 닮아야 한다. 최근에 많이 부르는 민호기 목사님이 지은 복음성가의 가사처럼 "하나님의 꿈이 나의 비전이 되고, 예수님의 성품이 나의 인격이 되고, 성령님의 권능이 나의 능력이 되길 원하고 바라고 기도합니다"가 찬양의 가사로 알고 있는 데서 그치는 게 아니라 나의 간절한 기도가 될 때에 오직 하나님의 영광이 될 것이다.

"그 영광의 풍성함"이란 표현이 성경에는 네 번 나타난다(사 66:11; 롬 9:23; 엡 1:19, 3:16). 그 외에도 하나님의 영광이 찬란하고 풍성한 것을 성경의 기자들은 반복하여 쓰고 있다. 이것은 하나님의 영광이 어떠함을 알고 있기 때문이다. 예수님의 제자들은 예수님께 단 한 가지를 가르쳐 달라고 하였다. "설교를 어떻게 하는지 가르쳐 주십시오", "기적을 어떻게 베푸는지 가르쳐 주십시오"라고 하지 않고 "우리에게 기도를 가르쳐 주소서"라고 하였다.

기도는 예수님께 배워야 할 것 가운데 가장 중요하고 어려운 것이다. 그래서 예수님께서 가르쳐 주신 것인 '주기도문'이다. 예수님이 가르쳐주신 주기도문의 결론은 "나라와 권능과 영광이 영원히 아버지께 있습니다"라는 것이다. 우리 기도의 결론도 "영광이 하나님께 영원히 있습니다"가 되어야 한다. 이 기도를 드리는 사람은 영광을 하나님께 영원히 돌리는 삶을 살고 있을 것이다.

헨델의 오라토리오 중에서도 최고의 걸작이라 일컫는 '메시아'는 크리스마스 시즌이 되면 한 번쯤은 듣게 된다. 특히 합창곡 '할렐루야'는 들을 때마다 감동이 벅차며 하나님께 영광을 돌리게 된다. 당시에 런던에서 많은 비판을 받아 실의에 빠진 헨델이 아일랜드 더블린의 필하모니 협회가 의뢰하여 완성한 곡으로 그를 재기하게 한 역작이었다. 1742년에 완성한 '메시아'가 그 해 더블린에서 초연되었고, 이듬해인 1743년에 런던에서 초연되었다. 평소에 헨델을 좋아하지 않던 왕 조지 2세가 연주회에 참석하여 '할렐루야 코러스' 부분이 연주될 때 감격에 못 이겨 기립하고 모든 청중이 함께 기립하였다는 유명한 일화가 있으며, 그것이 오늘날에도 '할렐루야'가 연주되면 전원이 기립하는 전통이 남아 있다.

하나님의 영광을 노래한 한 작곡가의 음악이 수 세기를 흘러오면서 하나님의 영광을 드러내고 있는 것이다.

볼프강 아마데우스 모차르트는 3살에 피아노를 치기 시작하였고, 5살에 미뉴에트를 작곡하였고, 9살에 심포니를 작곡한 음악 천재였다. 그래서 그런지 그는 34살로 요절하였다. 그는 626곡을 작곡할 만큼 짧은 생애 동안 많은 곡을 남겼다. 그가 작곡한 악보의 끝에는 '오직 하나님의 영광'(SDG)이라는 글귀를 자신의 사인으로

썼다고 한다. 모차르트는 악보의 끝에 '오직 하나님의 영광'이라 썼지만 우리는 모든 일의 끝이 오직 하나님의 영광이 될 수 있도록 하나님의 영광이 가득한 삶을 살아야 한다.

우리 삶의 목적은 오직 하나님의 영광이다. 하나님께서 영광을 받으셔야 하나님의 사람인 우리가 평안하고 행복하다. 우리가 입으로 하나님의 영광을 시인하면 내 몸이 그것을 알고 가벼워지고 건강해진다. 그리고 삶에 활기가 넘친다. 사상가 파스칼은 "참으로 사랑해야 할 자는 오직 하나님뿐이고, 참으로 미워해야 할 자는 오직 자신뿐이다"라고 하였다. 하나님만을 사랑한다면 하나님은 영원히 영광을 받으실 것이다.

오래전 미국 유학 초기에 3개월 동안 미국인 친구와 함께 기숙사 생활을 하였다. 큼지막한 기숙사 방 양 끝에 침대가 두 개 놓여 있었는데 한쪽에는 내가, 다른 한쪽에는 미국인 친구가 자리하고 있었다. 매일 바라보는 미국인 친구에게 서먹서먹하게 지내는 것보다 신앙으로 친구가 되는 것이 좋겠다고 생각하여 매일 아침 6시에 시편 한 편을 함께 읽고 차례로 번갈아가면서 아침 기도를 드리자고 하였고 미국 친구도 기꺼이 동의하였다. 말은 그렇게 하였지만 아침에 일어난다는 것이 매일 죽을 맛이었다. 왜냐하면 강의실에 들어가서 귀를 쫑긋 세우지 않으면 강의를 알아들을 수가 없고, 다음 날에 제출할 과제와 읽어야 할 분량이 넘쳐 새벽 2시가 되어서야 잠자리에 들 수 있었기 때문이다.

둘이서 '굿나잇'을 나누고 잠자리에 들었는데, 6시에 일어날 때 미국인 친구는 "Praise the Lord"(하나님, 찬양합니다), "Thank God"(하나님, 감사합니다)이라고 하면서 활기차게 일어나는 것이다. 그런데 나는 아침마다 "아이고, 죽겠다"가 먼저 튀어나오는 것이다. 미국인 친구가 내 말을 못 알아들었겠지만 창피하고 미안한 생각이 밀려왔다.

그 다음 날부터 힘이 들어 일어나기조차 싫지만 "하나님, 찬양합니다", "하나님, 감사합니다"라고 소리를 질렀다. 한참을 그렇게 하다 보니 정말 하나님을 찬양하게 되고, 감사하게 되고, 영광을 돌리게 되었다. 그리고 몸도 마음도 한결 가벼워졌다.

하나님을 찬양하면서 잠자리에서 일어나는 것은 하나님을 영광스럽게 하는 일이고, 하루를 즐겁고 행복하게 사는 일이다. 하나님을 영광스럽게 하는 일은 하나님도 기뻐하시지만 내게 은혜가 되고, 삶의 복이 되는 것이다.

복음성가 가운데 '내 눈 주의 영광을 보네'라는 찬양이 있다.

"내 눈 주의 영광을 보네 우리 가운데 계신 주님
그 빛난 영광 온 하늘 덮고 그 찬송 온 땅 가득해
내 눈 주의 영광을 보네 찬송 가운데 서신 주님
주님의 얼굴은 온 세상 향하네 권능의 팔을 드셨네
주의 영광 이곳에 가득해 우린 서네 주님과 함께
찬양하며 우리는 전진하리 모든 열방 주 볼 때까지
하늘 아버지 우릴 새롭게 하사 열방 중에서 주를 섬기게 하소서

모든 나라 일어나 찬송 부르며 영광의 주님을 보게 하소서
주의 영광 이곳에 가득해 우린 서네 주님과 함께
찬양하며 우리는 전진하리 모든 열방 주 볼 때까지."

온 세상, 온 하늘에 가득한 하나님의 영광을 우리의 눈으로 똑똑히 보며 오직 하나님의 영광을 위해 살아가는 우리나라, 우리 교회, 우리 가정, 우리 모두가 되어야 한다. 하나님께 지음 받은 우리가 마땅히 할 일이며, 우리 자신을 위한 일이기 때문이다.

제네시스 '기본으로 돌아가자'

1판 1쇄 인쇄 _ 2022년 9월 1일
1판 1쇄 발행 _ 2022년 9월 5일

지은이 _ 이성희
펴낸이 _ 이형규
펴낸곳 _ 쿰란출판사

주소 _ 서울특별시 종로구 이화장길 6
편집부 _ 745-1007, 745-1301~2, 747-1212, 743-1300
영업부 _ 747-1004, FAX 745-8490
본사평생전화번호 _ 0502-756-1004
홈페이지 _ http://www.qumran.co.kr
E-mail _ qrbooks@daum.net / qrbooks@gmail.com
한글인터넷주소 _ 쿰란, 쿰란출판사
페이스북 _ www.facebook.com/qumranpeople
인스타그램 _ www.instagram.com/qrbooks
등록 _ 제1-670호(1988.2.27)
책임교열 _ 이민경·오완

ⓒ 이성희 2022   ISBN 979-11-6143-757-6   03230

책값은 뒤표지에 있습니다.
이 출판물은 저작권법에 의해 보호를 받는 저작물이므로 무단 복제할 수 없습니다.
파본(破本)은 구입처에서 교환해 드립니다.